DELATORES

A ASCENSÃO E A QUEDA DOS INVESTIGADOS NA LAVA JATO

Universo dos Livros Editora Ltda.
Rua do Bosque, 1589 – Bloco 2 – Conj. 603/606
CEP 01136-001 – Barra Funda – São Paulo/SP
Telefone/Fax: (11) 3392-3336
www.universodoslivros.com.br
e-mail: editor@universodoslivros.com.br
Siga-nos no Twitter: @univdoslivros

Joice Hasselmann
JORNALISTA DE POLÍTICA E FENÔMENO DA WEB

DELATORES
A ASCENSÃO E A QUEDA DOS INVESTIGADOS NA LAVA JATO

São Paulo
2017

Copyright © 2017 by Universo dos Livros

Todos os direitos reservados e protegidos pela Lei 9.610 de 19/02/1998.

Nenhuma parte deste livro, sem autorização prévia por escrito da editora, poderá ser reproduzida ou transmitida sejam quais forem os meios empregados: eletrônicos, mecânicos, fotográficos, gravação ou quaisquer outros.

Diretor editorial: **Luis Matos**

Editora-chefe: **Marcia Batista**

Assistentes editoriais: **Aline Graça e Letícia Nakamura**

Preparação: **Nestor Turano Jr. e Alexander Barutti**

Revisão: **Giacomo Leone Neto, Guilherme Summa e José Nemo**

Arte: **Aline Maria e Valdinei Gomes**

Capa: **Zuleika Iamashita**

Imagem da capa: © **Bigstockphoto – Frazão**

Dados Internacionais de Catalogação na Publicação (CIP)
Angélica Ilacqua CRB-8/7057

H281D

Hasselmann, Joice

    Delatores / Joice Hasselmann. – São Paulo : Universo dos Livros, 2017.

    304 p.

ISBN: 978-85-503-0198-3

1. Corrupção na política – Brasil 2. Investigação policial 3. Delação premiada
4. Partido dos Trabalhadores (Brasil) I. Título

17-1197   CDD 364.1323

SUMÁRIO

Agradecimentos	9
1. Como, de fato, funciona a Delação Premiada?	13
2. Como começou a Operação Lava Jato?	21
3. Alberto Youssef, do Banestado até o Petrolão	31
4. Paulo Roberto Costa e a Petrobras no epicentro do escândalo	39
5. Nestor Cerveró e os tentáculos no PT	53
6. Delcídio, Odebrecht e a implosão do Governo Dilma Rousseff	61
7. Eduardo Cunha e os primeiros escândalos de Michel Temer	83
8. João Vaccari, Renato Duque e os tentáculos de Lula no escândalo	107
9. Eike Batista, João Santana, Mônica Moura e o marketing de Dilma	133
10. Joesley Batista, JBS e a implosão do PMDB (e do PSDB)	155
11. Os bancos e os principais dados sobre as delações premiadas	195
12. A flecha de Janot contra si próprio e novas gravações de Joesley	221
13. As delações de Antonio Palocci e Lúcio Funaro	239
14. Conclusão: não sobra ninguém. Precisamos reconstruir o sistema	255
Anexos	265
Bibliografia	302

*A Deus, que tem me dado forças e proteção para lutar
contra a corrupção e por um Brasil mais justo e decente.
Ao meu marido, companheiro e eterno amor: Daniel,
instrumento de Deus na minha vida.*

AGRADECIMENTOS

Escrever outro livro em um período tão curto, junto aos inúmeros outros projetos em que estou envolvida, foi mais um desafio daqueles. O tempo não estava a meu favor. As notícias chegavam aos montes da boca dos delatores, das gravações, das provas apresentadas. Não era possível esperar mais. O registro do impacto das delações tinha que acontecer, e agora.

Não sou escritora profissional, de carreira; sou uma jornalista que assumiu o papel também de ativista para lutar contra os corruptos, contra os assaltos ao nosso povo, contra aqueles que roubaram o futuro do Brasil e tentam roubar, além do bolso, as liberdades de uma nação. Foi com tal espírito que aceitei o novo desafio, dedicando madrugadas inteiras a esse trabalho e me expondo mais uma vez às críticas, aos julgamentos — sejam eles bons ou ruins. E, claro, para vencer o desafio, precisei de muita ajuda, apoio e subsídios. Por isso, minha lista de agradecimentos é enorme, mas tentarei ser breve.

Agradeço à equipe da Lava Jato, em especial de Curitiba. Ao Sergio Moro, aos procuradores e aos policiais federais que abriram mão de suas vidas particulares para se dedicar à maior investigação de todos os tempos. Eles nos devolveram a esperança de que a justiça pode ser para todos. Foi mediante as inciativas da turma de Curitiba que o "Instituto" Delação Premiada passou a funcionar de fato e, com isso, o Brasil pôde enxergar as vísceras da corrupção, expostas por quem participou ativamente do processo. Foi a partir do trabalho bem feito da Lava Jato que obtive subsídios para escrever o presente livro. Destaco, inclusive, que os erros cometidos por Rodrigo Janot não podem ser creditados na conta de pessoas decentes do Ministério Público Federal, do Judiciário de todo o país, mas também fazem parte dessa obra.

Agradeço aos meus seguidores – tanto do meu canal no YouTube, que é atualmente o maior no segmento de política do Brasil, quanto das redes sociais –, que tiveram a paciência de entender que, de vez em quando, eu tinha que "sumir" dos vídeos para me dedicar às horas e horas de pesquisa. Assim foram os últimos três meses.

Agradeço à equipe de *Os Pingos Nos Is* e à direção da rádio Jovem Pan, que acompanharam os dias de extrema correria e me apoiaram em tudo. Valeu, time!

Agradeço à Marcia Batista, minha editora, que mais uma vez me confiou um projeto importante ligado à Lava Jato.

Agradeço de coração à minha família, dentro e fora de casa, que teve uma dose extra de paciência comigo e abriu mão de horas preciosas de convivência, dos filmes durante os fins de semana, dos cafés da manhã demorados aos domingos.

Agradeço, em especial, a cada cidadão brasileiro que não compactua com nenhum tipo de corrupção e que não desistiu do seu país.

Estamos juntos!

1.

COMO, DE FATO, FUNCIONA A DELAÇÃO PREMIADA?

O QUE É A INSTITUIÇÃO POLICIAL E JUDICIAL QUE TORNOU
A OPERAÇÃO LAVA JATO POSSÍVEL NUM PAÍS COMPLEXO E
CORRUPTO COMO O BRASIL?

O dia 10 de maio de 2017 entrou para a história da cidade de Curitiba, no meu Paraná. Convocando suas milícias vermelhas, um grande número de arruaceiros e militantes políticos, o ex-presidente Luiz Inácio Lula da Silva ficou cara a cara com o juiz Sérgio Fernando Moro, personagem de um perfil biográfico que publiquei em 2016. Como gigantes opostos, eles foram capa de revista, manchete de jornal e exemplificaram o real embate que existe no Brasil de hoje.

Lula estava no Paraná por causa das delações premiadas que colocaram o seu partido e os seus governos, incluindo os de sua sucessora, na mira da Justiça. E, como em qualquer encontro histórico, falas dos dois lados foram marcantes.

Com uma conta chamada de "Zeca Pagodinho", da qual Lula riu quando mencionada no processo, o ex-presidente colocou a culpa da compra do tríplex no Guarujá na própria esposa. "Ela desistiu da compra porque não gostava da praia."

Moro, ao contrário do político, trouxe sua própria marmita, não veio acompanhado por militantes políticos ou de carona com carro blindado, e fez questão de deixar Lula confortável em seu depoimento. "Senhor presidente, deixamos claro que não há nenhum tipo de desconforto por parte da Justiça e que o senhor pode se manifestar ou não a respeito das perguntas que dizem respeito aos autos", frisou.

O juiz de primeira instância tomou todas essas precauções porque sabe que as delações forneceram um material precioso, investigado pelo Ministério Público e pela Polícia Federal, para rastrear os crimes petistas. Sérgio Moro não se intimidou sequer com algumas acusações ridículas que Lula fez durante a sessão ou com as intervenções impertinentes de seu advogado, Cristiano Zanin Martins, antes de ir ao palanque com seus amigos. Naquele momento, o ex-presidente soltou mais uma de suas pérolas: "O senhor não se sente culpado por ter gerado 600 milhões de desempregados?".[1]

---

1 A declaração de Lula, além de infeliz, está errada. O Brasil tem 200 milhões de habitantes. Na sua lógica maluca, ele provavelmente quis dizer 60 milhões. Acrescentou um zero que nem o seu advogado corrigiu.

Lula sempre gostou de inflacionar números, mas triplicar a população brasileira e transformá-la em desempregada já é demais.

Vamos aos fatos. O projeto de Lula e de seus companheiros jogou 14 milhões de pessoas na rua do desemprego. A culpa é de Lula, Dilma e seus aliados. Ou seja, do partido que, por determinado período, dominou o país.

Portanto, não, Moro não sente culpa nenhuma, Lula.

E é necessário explicar o que é o mecanismo utilizado na Lava Jato.

A delação premiada é tão antiga quanto o próprio crime. O delator é a figura controversa para alguns juristas, porque ele entrega criminosos em troca de benefícios que podem chegar à liberdade. No Direito romano, os delatores eram vistos como traidores por seus pares, porque os entregavam para o julgamento de um júri, herança da democracia e dos princípios gregos. Mas a delação de que vamos tratar neste livro ganhou força naquela que se tornou a maior nação a partir do século XX. Os Estados Unidos da América foram os criadores da delação premiada contemporânea.

O Direito norte-americano é do *common law*.[2] As cortes que atendem os casos são compostas de júris que, caso a caso, incentivam a participação popular no julga-

---

2 Lei dos comuns, numa tradução literal do inglês.

mento de um acusado. Em 90% dos casos[3], os culpados recorrem à delação premiada para entregar criminosos maiores com o objetivo de diminuir sua pena.

A regra é clara: se o delator mente, a premiação é anulada. Então é necessário rigor com os fatos.

A delação premiada remonta aos tempos da "Conquista do Oeste"[4] norte-americano. Os caçadores de recompensa iam atrás de procurados. Xerifes idem. Os americanos nunca tiveram um relaxamento a respeito de questões jurídicas. E sempre respeitaram as vozes populares nos julgamentos.

Por isso a necessidade de um júri de cidadãos que estão em dia com suas pendências jurídicas e que respondem ao chamamento público para contribuir na absolvição ou culpabilização de um acusado. O processo torna-se ágil e mais preciso com o passar dos anos.

A Suprema Corte da Califórnia, por exemplo, conta com um código de sete páginas dando as orientações corretas para promotores e autoridades policiais recorrerem de maneira correta à instituição da delação premiada. A lei descreve com precisão os meandros dessas medidas.

Voltemos ao Brasil.

---

3 Informação da *Columbia Law Review*.

4 Período histórico no século XIX, em que as doze colônias se estenderam ao oeste, tomando parte do território mexicano.

Herança de Getúlio Vargas e das ideias esquerdistas que dominam a elite brasileira, a nossa Justiça não foge à regra nacional.

Os julgamentos no Brasil são lentos, trazem como tradição a Constituição francesa e de outras nações europeias e são marcados por burocracias e jurisprudências inexplicáveis. Magistrados inocentam traficantes de drogas, crimes do colarinho branco e até assaltos ao Brasil.

A linha de raciocínio brasileira passou a mudar com a atuação de um juiz de Curitiba nos crimes do Banestado, escândalo do governo Fernando Henrique que vamos destrinchar mais adiante neste livro. O nome desse homem é Sérgio Moro. Ele, graças ao esforço conjunto de uma força-tarefa da Operação Lava Jato, posteriormente desmantelaria um dos maiores casos de corrupção do mundo, o saque à Petrobras, que ficou conhecido como Petrolão.

QUEM SOU EU?

Joice Hasselmann. Sou jornalista, apresentadora e fenômeno da internet, sobretudo em vídeos de política.

Tive passagens e postos de comando na CBN do Paraná, BandNews Curitiba, SBT Paraná e Record Paraná.

Fui uma das responsáveis pela criação do primeiro sistema de grade televisiva da maior publicação semanal do país, além do primeiro sistema de TV on-line com grade fixa no Brasil. Depois de toda essa bagagem de grande mídia, criei um canal no YouTube que tem cerca de meio milhão de inscritos. Meu Facebook tem praticamente um milhão de curtidas e alcance semanal de 24 milhões de pessoas.

Sou uma das maiores produtoras digitais de conteúdo político da web e estou empenhada, desde 2016, em escrever livros sobre os atuais acontecimentos brasileiros. Contei, em obras anteriores, sobre a ascensão do juiz Moro e da Lava Jato, além da decadência do esquerdismo do PT.

Nas próximas páginas, vamos percorrer a história para entender elos fundamentais no combate aos casos de corrupção.

Vamos conhecer os delatores, da ascensão até a queda.

2.

COMO COMEÇOU A OPERAÇÃO LAVA JATO?

A HISTÓRIA DO PRIMEIRO DENUNCIANTE DA LAVA JATO E DE COMO O MAR DE CORRUPÇÃO COMEÇOU A DAR SUAS PRIMEIRAS AMOSTRAS PÚBLICAS MAIS NÍTIDAS NO PP DE JOSÉ JANENE.

A Dunel Indústria e Comércio Ltda., fabricante de máquinas e equipamentos para certificação, é mais um dos inúmeros negócios que estiveram envolvidos com os escândalos de corrupção. A companhia fabrica maquinários de segurança. O papel da empresa foi denunciado em uma reportagem do jornal *O Estado de S. Paulo* publicada no dia 15 de julho de 2014.[5]

O homem por trás do negócio chama-se Hermes Magnus, um empreendedor do Paraná que na verdade é gaúcho e descendente de portugueses, que é um homem atormentado por perseguições políticas nos dias de hoje. Hermes é obrigado a se esconder, não dá nome nem revela sua localização exata. Ele teria pas-

---

5 A informação ainda está pública no site do jornal. Disponível em: <http://politica.estadao.com.br/blogs/fausto-macedo/doleiro-da-lava-jato-lavou-r-16-milhao-do-mensalao/>. Acesso em: 28 de agosto de 2017.

sado pela Europa e pela América do Norte, mas sem deixar rastros claros de onde esteve.

Eventualmente ele participa de *hangouts*[6] on-line com liberais e cidadãos que são contra a corrupção.[7]

Hoje ele vive com medo de morrer. Todo dia.

Você lembra como funciona o efeito dominó, quando se derrubam peças em série? Uma derruba a outra, em uma linha.

Um rastro de pólvora também pega fogo quando em contato com as chamas.

A Operação Lava Jato se desenvolveu dessa forma.

As denúncias do empresário Hermes Magnus foram as que deflagraram de fato a Lava Jato diante da Polícia Federal.

Hermes tomou essa decisão para desarticular uma rede de doleiros chefiada por Alberto Youssef. E ele fez isso por ter tomado um golpe do político do PP, José Mohamed Janene.

Quem é Janene? Foi um dos pivôs do Mensalão no Partido Progressista. Ele teria tirado todo o dinheiro da Dunel de Hermes Magnus, envolvendo o empresário londrinense Assad Jannani, seu irmão.

Janene era sócio na Dunel Indústria e Comércio e deixou Hermes Magnus quebrado. Acuado diante das

---

6 Programa de teleconferência do Google/YouTube.

7 Um deles pode ser visto neste link: <www.youtube.com/watch?v=jpVqbVtGi8s>. Acesso em: 28 de agosto de 2017.

seguidas ameaças feitas por José Janene e seus comparsas, além da preocupação por causa da origem duvidosa do dinheiro que era aportado em sua empresa de tecnologia, Hermes passou a ser perseguido por resolver falar sobre os negócios irregulares de Janene na Justiça.

O autor das revelações que originaram a Lava Jato não fez delação premiada, mas fez denúncias tão importantes quanto Youssef diante de Moro posteriormente. Assim, ele decidiu deixar a cidade de Londrina, onde funcionava a Dunel, sem conseguir reaver seus bens.

Máquinas e equipamentos foram abandonados e Hermes Magnus foi para Santa Catarina, onde permaneceu durante pouco tempo.

As ameaças não cessaram e ele saiu do país.

A ENTRADA DE MORO NA HISTÓRIA

Hermes Magnus entregou, para Moro e para as autoridades, provas de que José Janene lavava dinheiro de esquemas de corrupção do Mensalão e do Petrolão. Mas as denúncias foram entregues muito antes da investigação da Petrobras. Ele falou com o juiz Sérgio Fernando Moro no começo de 2009. "Janene era 'dono' daquela parte do Estado do Paraná",[8] dizia ele na época. A lavagem paranaense chegaria, de propina em propina, até a maior petroleira brasileira.

No ano anterior ele tentou falar com a Polícia Federal. Sem sucesso.

Moro já era famoso pelo escândalo do Banco do Estado do Paraná (Banestado), que foi desmontado, desnacionalizado e vendido ao Itaú por R$ 1,6 bilhão em outubro de 2000. Na ocasião, R$ 42 bilhões saíram da instituição para paraísos fiscais. O governo FHC abafou o caso, mas o juiz de primeira instância conseguiu informações importantes, até então guardadas a sete chaves, com a delação premiada do doleiro Alberto Youssef, do Paraná.

Pouco depois, ele teria papel fundamental em outro escândalo que envolveu os principais nomes das esquerdas, do PT, do grupo de Lula. Moro praticamente teria feito uma especialização antes de ingressar no julgamento do maior caso de corrupção da história brasileira até o momento.[9]

---

8 A informação foi dada ao site Publico.pt, durante o exílio do delator em Portugal. A entrevista é de 3 de fevereiro de 2015 e pode ser lida em: <https://www.publico.pt/2015/02/03/economia/noticia/denunciante-do-maior-caso-de-corrupcao-no-brasil-garante-que-parte-do-dinheiro-passou-pelo-bes-1684825>. Acesso em: 28 de agosto de 2017.

9 O Petrolão é calculado em bilhões de reais, sendo R$ 10 bilhões só da Petrobras e propinas milionárias saídas de empresas como Odebrecht, JBS, Camargo Corrêa, OAS e outras, entre construtoras e companhias que foram financiadas pelo BNDES de Lula e Dilma.

No dia 8 de novembro de 2011, a ministra Rosa Weber assumiu a cadeira de Ellen Gracie Northfleet, pioneira entre mulheres no STF. Rosa foi indicada pela ex-presidente Dilma e colocou Sérgio Fernando Moro como seu assistente no processo do Mensalão. Trouxe para a apuração do escândalo seu conhecimento sobre doleiros e esquemas de lavagem do PP.

De acordo com o próprio Moro, foram os dados fornecidos por Hermes Magnus, sem estarem numa delação premiada, que levaram aos raciocínios necessários para julgar e punir corretamente os crimes do PT.

Na época, o relator da Ação Penal 470,[10] Joaquim Barbosa, foi aclamado pelas ruas como o "Batman do Supremo Tribunal Federal".

Ele condenou José Dirceu, o homem forte da era Lula, com a tese do "domínio do fato".[11] Dirceu foi condenado a sete anos e onze meses de cadeia por corrupção ativa, enquadrado como chefe de quadrilha criminosa. José Genoíno, presidente do PT e deputado federal, foi condenado a quatro anos e oito meses por corrupção ativa e colocado em liberdade em março de 2015 por extinção da pena, bom comportamento e

---

10 O nome técnico do Mensalão.

11 A teoria do domínio do fato foi criada por Hans Welzel em 1939 e desenvolvida pelo jurista Claus Roxin, em sua obra *Täterschaft und Tatherrschaft* (Participação e perpetração de infração, numa tradução livre) de 1963, fazendo com que ganhasse projeção na Europa e na América Latina.

complicações de saúde. José Dirceu ganhou das mãos do ministro do Supremo Tribunal Federal (STF), Luís Roberto Barroso, o perdão da pena do caso do Mensalão em outubro de 2016, porém permaneceu preso por causa da condenação a 23 anos de cadeia pelos crimes de corrupção passiva e lavagem de dinheiro no caso do Petrolão. Mas a restrição de liberdade só durou até maio de 2017, quando os ministros Dias Toffoli, Ricardo Lewandowski e Gilmar Mendes, da Segunda Turma do STF, tiraram Dirceu da cadeia. Eles revogaram a decisão de Sérgio Moro, em primeira instância na época. O relator da Lava Jato, Luiz Edson Fachin, e o ministro Celso de Mello, que votaram para manter José Dirceu preso, foram votos vencidos.

Seguimos com o Mensalão.

O publicitário Marcos Valério foi considerado o operador do Mensalão e pegou pena de 37 anos, cinco meses e seis dias, a maior dos processos. Foi enquadrado em corrupção ativa, peculato,[12] lavagem de dinheiro e evasão de divisas. Ramon Hollerbach, ex-sócio de Valério, pegou 27 anos, quatro meses e vinte dias, enquadrado nos mesmos delitos.

Cristiano Paz, também ex-sócio do publicitário, foi condenado a 23 anos, oito meses e vinte dias por cor-

---

12 Crime que consiste na apropriação indébita de patrimônio público. Tomar dinheiro de impostos ou bens do Estado, por exemplo.

rupção ativa, peculato e lavagem de dinheiro. Simone Vasconcellos, ex-diretora da SMP&B, empresa de Marcos Valério, foi condenada a doze anos, sete meses e vinte dias por corrupção ativa, lavagem de dinheiro e evasão de divisas.

Moro participou de todos esses processos e ainda deu curso às acusações de Hermes, o primeiro denunciante da Lava Jato, que levaram seis anos para produzir efeitos.

As informações de um velho conhecido de Sérgio Moro, Alberto Youssef, e da Justiça ajudariam a desvendar o esquema.

O FIM DE JANENE

As denúncias sobre lavagem de dinheiro chegaram já no fim da vida de José Janene. Ele sofria de cardiopatia.[13] Desde então vinha sendo investigado novamente. Devido ao seu estado de saúde, agravado por um acidente vascular cerebral, Janene se viu obrigado a abandonar definitivamente sua carreira como político e passou a operar nos bastidores.

Com a Lei Ficha Limpa, ele temia não ser eleito para mais nada. Não deu nem tempo de se preocupar

---

13 Cardiopatias são doenças que afetam o coração.

com seu destino político, pois logo se deparou com as denúncias de Hermes Magnus.

Janene foi vítima de AVC em fevereiro de 2010, quando então planejava voltar ao Congresso. Ficou três meses aguardando na fila um transplante cardíaco, o que não ocorreu. Morreu em 14 de setembro de 2010, no Instituto do Coração, na cidade de São Paulo. Tinha 55 anos. Seu corpo foi enterrado no Cemitério Islâmico de Londrina, pois ele era muçulmano.

No ano de 2014, Janene voltou a aparecer na mídia, quando o MPF evidencia que fora ele um dos mentores do esquema de propinas nas estatais brasileiras, beneficiando políticos do PP. A informação consta na delação do doleiro Alberto Youssef. Integrantes de sua família foram arrolados como réus em um dos inquéritos da Operação Lava Jato.

A viúva do político, Stael Fernanda Janene, relatou que não viu o corpo do ex-marido após sua morte. Por isso, o presidente da CPI da Petrobras, deputado Hugo Motta (PMDB), pediu em 20 de maio de 2015 a exumação do corpo do ex-deputado morto. Dois dias depois, a imprensa publicou a certidão de óbito de Janene, na qual consta como declarante da morte do ex-deputado o doleiro do escândalo do Petrolão. A exumação não aconteceu.

Segundo os familiares de Janene, Youssef era amigo da família.

À Bandeirantes, em 13 de abril de 2017, Hermes afirmou que "não sonha em voltar ao Brasil". A entrevista foi dada ao jornalista José Luiz Datena.[14] O desaparecimento do primeiro denunciante com as denúncias ocorrendo na Justiça dava uma pequena demonstração do que estava por vir.

Vamos então falar de Alberto Youssef para entender o que aconteceu em seguida.

Ele é o delator premiado.

---

14 Disponível em: <http://noticias.band.uol.com.br/bandcidade/rs/video/2017/04/13/16191081/hermes-magnus-sonha-em-voltar-ao-brasil.html>. Acesso em: 28 de agosto de 2017.

3.

ALBERTO YOUSSEF, DO BANESTADO ATÉ O PETROLÃO

QUEM É O DOLEIRO DELATOR QUE ATUOU NO BANESTADO?
COMO YOUSSEF CONTRIBUIU PARA QUE SÉRGIO MORO
CHEGASSE AOS CABEÇAS DA PETROBRAS? AQUI É POSSÍVEL
VER A LÓGICA DA DELAÇÃO PREMIADA APLICADA.

O maior doleiro da Operação Lava Jato foi vendedor de rua e muambeiro. Trazia de maneira ilegal mercadorias de fora do Brasil.

Sua "alma", digamos, não mudou com os anos que se passaram.

Alberto Youssef é filho de um imigrante libanês chamado Kalim Youssef e da brasileira Antonieta Youssef. Quando era pequeno, vendia salgados nas ruas de Londrina. Ao chegar à adolescência, virou sacoleiro e trouxe mercadorias do Paraguai para revender no Brasil.

Foi preso cinco vezes com muamba. Aquela carga ilegal que muita gente ainda traz ao país.

Na época, Youssef foi acusado de comprar em Ciudad del Este produtos encomendados, que enviava pelos Correios aos clientes. Na década de 1990, ele teve ainda uma casa de câmbio na rua Pará, em Londrina.

O doleiro é casado com Joana D'Arc Fernandes da Silva Youssef. Durante o casamento, manteve relacionamentos extraconjugais com a doleira Nelma Kodama, condenada a dezoito anos de prisão por diversos crimes de corrupção, e com Taiana Camargo, modelo que realizou ensaio para a revista masculina *Playboy* em janeiro de 2015.

O primeiro caso durou nove anos, até 2009. O segundo durou de 2010 a 2014. Por causa deles, Youssef enfrenta processo de separação e divórcio.

Foi esse homem que alastrou os indícios de crimes apontados inicialmente por Hermes Magnus no Partido Progressista. Alberto Youssef entregaria os articuladores de malas de dólares em Brasília, no coração do Governo Federal. E ele atearia fogo ao Partido dos Trabalhadores, que já havia sido alvo de investigação no Mensalão.

O QUE RAIOS FAZEM OS DOLEIROS?

O doleiro é um personagem brasileiro. É uma peculiaridade da nossa terra, fruto de um país que ainda é atrasado, infelizmente.

Nas operações com dólares fora do Brasil, nos anos 1970 e 1980, não existiam os cartões de crédito internacionais. Por isso, os doleiros operavam as remessas de dinheiro ilegal. As pessoas utilizavam os serviços desses criminosos para se proteger da inflação na época.

O crime de evasão de divisas é a real atividade do doleiro. Ele essencialmente faz com que pessoas não paguem os impostos e ganha dinheiro como um intermediário numa operação ilegal.

Há dois exemplos claros das atividades deles nesse segmento.

Num caso menor, eles podem auxiliar na compra de um produto caro no exterior. Outra função possível é acobertar operações financeiras, pagando em dinheiro para não incluir impostos. Os doleiros também podem trazer remessas de dinheiro sem comunicar nenhuma das atividades ao Conselho de Controle de Atividades Financeiras (Coaf).

Doleiros lidam com aquisições de imóveis, joias preciosas, viagens caras, obras de arte raras e até carros de luxo.

No caso de grandes remessas de dólares, eles podem abrir uma conta numerada para o cidadão em algum paraíso fiscal, sobretudo em países como o Panamá.[15] Antes, a operação era realizada na Suíça, nos Estados

---

15 Foi dessa forma que surgiram os *Panama Papers*, um grande esquema de corrupção internacional feito em *offshores*.

Unidos ou em Mônaco, mas tais nações exigem hoje que o dinheiro tenha origem devidamente justificada.

Em esquemas com paraísos fiscais, a conta bancária é atribuída ao nome de uma *offshore*, ou seja, uma empresa de comércio internacional geralmente de fachada e sem proprietários identificáveis. O labirinto montado entre doleiros e companhias frias diminui a incidência de taxas nas transferências e ajuda a lavar dinheiro de operações sujas ou fraudulentas.

Com cada vez mais ferramentas de rastreamento dos desvios de dinheiro, os doleiros estão com os dias contados.

Nos períodos do Mensalão e do Petrolão, entretanto, o trabalho de doleiros foi amplamente utilizado, além de esquemas com *offshores*.

BANESTADO E YOUSSEF

Retomando o caso que já explicamos no Capítulo 2, para situar a denúncia pioneira de Hermes Magnus na Operação Lava Jato, no ano de 2002 veio à tona o caso do Banestado. O caso da privatização do banco perante o Itaú jogou Alberto Youssef nos holofotes do Poder Judiciário e da mídia.

O Banestado serviu para enviar irregularmente para o exterior US$ 30 bilhões. Para a operação funcionar, eles precisavam de profissionais que lidassem com evasão de divisas para lavar a verba.

Foi nesse momento que os doleiros entraram.

Youssef administrava as contas CC5, que pertenciam aos não residentes brasileiros. Elas eram utilizadas para as remessas. A investigação conduzida pela força-tarefa do Ministério Público, que já tinha a figura do promotor Carlos Lima,[16] desmantelou o grupo criminoso com auxílio da polícia.

O doleiro foi condenado e admitiu ter movimentado US$ 5 milhões ilegalmente. Ainda no ano de 2002, Youssef foi flagrado acompanhando um pagamento total de R$ 39,6 milhões da Companhia Paranaense de Energia (Copel) numa agência do Banco do Brasil em Curitiba.

O MP do Estado do Paraná e a Procuradoria-Geral do Estado afirmaram que os recursos se referiam à compra de créditos de ICMS de uma empresa falida, a Óleos e Vegetais Paraná S/A, de sigla Olvepar. A transação teve autorização de Ingo Henrique Hubert, então secretário da Fazenda do Estado.

---

16 Lima se tornaria, depois, um dos procuradores mais famosos da Lava Jato ao lado de Deltan Dallagnol.

Youssef e outros envolvidos foram denunciados pelo Ministério Público por formação de quadrilha. O doleiro entrou em delação premiada para reduzir a sua pena.

A DELAÇÃO

O doleiro tornou-se réu confesso e anulou as acusações por mais de dez anos, entre 2003 e 2014. Seu caso só foi reaberto quando ficou claro que a corrupção da Petrobras também ocorreu graças às suas operações com dólares.

Além das contas cc5, a delação comprovou que Alberto Youssef enviava boa parte do numerário para duas contas no exterior, abertas na agência do Banco do Estado do Paraná em nome das *offshores* Ranby International Corp. e June International Corp. Lá a movimentação bancária funcionou entre 1997 e 1998.

A primeira correspondeu a US$ 163 milhões e a segunda a US$ 668 milhões.[17]

Apesar dos valores admitidos em juízo, o Petrolão só estouraria de vez com a entrada de um diretor da

---

17 Relatório do Ministério Público Federal. Disponível em: <http:// politica.estadao.com.br/blogs/fausto-macedo/wp-content/uploads/ sites/41/2015/06/928_ALEGACOES1.pdf>. Acesso em: 28 de agosto de 2017.

empresa que serviu de lavanderia dos governos petistas e seus aliados para suas eleições e reeleições.

E a história, a partir daí, extrapola a própria biografia de Youssef, o doleiro que Moro fez falar.

4.

PAULO ROBERTO COSTA E A PETROBRAS NO EPICENTRO DO ESCÂNDALO

COMO O DIRETOR QUE ERA MODELO DENTRO DA MAIOR PETROLEIRA BRASILEIRA ENTREGOU O ESQUEMA CRIMINOSO EM OPERAÇÃO NA EMPRESA.

O crime estourou com a proximidade das eleições. A polarização era intensa e a Petrobras, saqueada no maior esquema de corrupção da história do mundo, passou a ser palco de uma verdadeira guerra. A Lava Jato queria a punição para corruptos e corruptores enquanto criminosos queriam dilapidar a empresa que já foi galinha dos ovos de ouro para o Brasil.

No ano de 2014 foi divulgado que várias empresas receberam pagamentos do doleiro Alberto Youssef em nome da Petrobras. A companhia já era investigada por possíveis fraudes contábeis e outras irregularidades, no que acabou se formatando como Operação Lava Jato.

As empresas ligadas a Youssef receberam dinheiro desviado da Refinaria Abreu e Lima. A Polícia Federal afirmou que parte do dinheiro era destinada ao pagamento de propinas para políticos do PP, políticos de outros partidos e agentes públicos.

Entre os beneficiados pelo esquema criminoso montado na Petrobras, aparece Gleisi Hoffmann, senadora do PT que, segundo Youssef, recebeu R$ 1 milhão para a campanha ao Senado em 2010. A petista tem história dentro do partido. Ela já foi ministra-chefe da Casa Civil no governo Dilma Rousseff e atuava ao lado do marido. Ele também foi ministro dos governos Lula e Dilma e foi preso pela Lava Jato na Operação "Custo Brasil". Ele foi acusado de chefiar o esquema que lesou funcionários públicos que faziam empréstimos consignados. No escândalo, pelo menos R$ 100 milhões foram desviados e viraram propina. O marido da senadora foi solto pelo STF. Gleisi e Paulo Bernardo negam. Ela é presidente do PT desde 2017, no lugar de Rui Falcão.[18]

Na época das investigações, Alberto Youssef estava internado em um hospital após um mal-estar. No dia 26 de outubro de 2014, em pleno segundo turno das eleições de Aécio Neves contra Dilma Rousseff, surgiram boatos de que Youssef estaria morto.

Horas depois as informações foram desmentidas.

---

18 Gleisi disputou chapa com Lindbergh Farias, outro senador acusado na Lava Jato. Ela venceu com apoio de Lula.

A Lava Jato, que viria para sanear o Brasil da corrupção e completar o serviço iniciado quando o Mensalão veio a público, já começava a pegar fogo.

Durante a delação premiada de Alberto Youssef, o advogado do acusado vazou informações de que o réu declarou que Dilma Rousseff e Luiz Inácio Lula da Silva sabiam do esquema de corrupção. O fato depois foi relatado por Léo Pinheiro, da OAS. O governo Dilma, que ainda existia em 2014 e já nos deprimia, tratou de afirmar que o vazamento foi para influenciar as eleições realizadas em outubro.

O Partido dos Trabalhadores pediu acesso à delação premiada do doleiro, negado por Teori Zavascki, ministro relator da Operação Lava Jato no Supremo Tribunal Federal, em razão do segredo de Justiça. Mesmo com a delação, Dilma venceu as eleições com 54 milhões de votos.

Mas as bombas que caíram no colo do PT viriam de um ex-diretor de abastecimento da Petrobras. O engenheiro Paulo Roberto Costa estampou propagandas da estatal de economia mista em vídeos como exemplo de sucesso entre os funcionários.

Em pouquíssimo tempo sua imagem mudaria.

A LIGAÇÃO JANENE E ROBERTO COSTA

O município natal de Paulo Roberto Costa chamava-se Cidade Nova. Surgida por iniciativa do empresário Horácio Klabin na extração de celulose, a cidade paranaense se emancipou em 1961, rebatizada como Telêmaco Borba em homenagem ao sertanejo e historiador que estudou os índios na região.[19]

Além de ter origens no meu Estado, Paulo nasceu em 1954 e graduou-se em engenharia mecânica pela Universidade Federal do Paraná. Pós-graduou-se na mesma instituição em engenharia de instalações no mar. Entrou na Petrobras há 39 anos, em 1978. Assumiu cargos de direção a partir de 1995, no primeiro governo de Fernando Henrique Cardoso, tornando-se diretor da Gaspetro entre 1997 e 2000. Os petistas utilizam essas informações para distorcer as delações de Paulo Roberto Costa e afirmar que ele estaria a serviço dos tucanos.

Mas vamos aos fatos.

No ano de 2004, Paulo foi nomeado ao cargo de diretor de Abastecimento pelo presidente Luiz Inácio Lula da Silva.

---

19 Telêmaco Augusto Enéas Morosini Borba também foi etnógrafo e político. Viveu de 1840 até 1918.

A nomeação veio por indicação do deputado federal José Janene do PP. Sim, ele mesmo.

O mesmo deputado Janene golpista que roubou o empresário Hermes Magnus. Foi o político vinculado à base do PT no Congresso que abriu espaço para a Lava Jato começar.

NASCE A OPERAÇÃO

Postos de gasolina, em Brasília e em outras localidades eram utilizados como locais de lavagem de dinheiro de doleiros desde 1998, de acordo com as investigações da Polícia Federal. A primeira denúncia que culminou na Lava Jato foi a de Hermes Magnus, entre 2008 e 2009, a Sérgio Moro. Mas o começo efetivo da operação levaria pelo menos seis anos.

Em 17 de março de 2014, 400 policiais cumpriram 81 mandados de busca e apreensão, 18 mandados de prisão preventiva, 10 mandados de prisão temporária e 19 de condução coercitiva. A Lava Jato surgiria cobrindo pelo menos 17 cidades e seis estados: Paraná (Curitiba, São José dos Pinhais, Londrina e Foz do Iguaçu), São Paulo (Mairiporã, Votuporanga, Vinhedo, Assis, Indaiatuba e a capital), Rio Grande do Sul (Porto Alegre), Santa Catarina (Balneário Camboriú), Rio de

Janeiro (a capital) e Mato Grosso do Sul (Cuiabá), além do Distrito Federal (Brasília, Águas Claras e Taguatinga Norte). Nunca se tinha visto algo desse naipe, que se estendeu por mais de quarenta fases operacionais.

Cada fase passou a abordar diferentes setores da Petrobras, partidos políticos, bancadas, empresas privadas fornecedoras e todo o epicentro do escândalo.

O nome da operação veio de um dos postos de combustíveis usados para movimentar valores de origem ilícita, investigado na primeira fase da operação, na qual o doleiro Alberto Youssef foi preso. O Posto da Torre,[20] que deu nome à Lava Jato, operava sob o guarda-chuva da rede Ale e era comandado pelo doleiro Carlos Abib Chater, que foi denunciado por Hermes Magnus antes da própria investigação se aprofundar. Ele foi grampeado sob suspeita de tráfico de drogas e a PF chegou ao delator premiado de Sérgio Moro. Através de Youssef, constatou-se sua ligação com o ex-diretor da Petrobras, preso preventivamente na segunda fase.

Tudo isso ganhou força graças às delações de Paulo Roberto Costa. Mas vamos primeiro aos crimes que ele cometeu, como réu confesso.

---

20 A ironia do nome é que o Posto da Torre não tinha máquina de lavagem a jato.

OS DELITOS

O ex-diretor de Abastecimento ajudou políticos dos governos do PT e seus aliados a se aproximar dos recursos da Petrobras. E fez isso para facilitar a vida de seus colegas.

Paulo Roberto Costa usou seu cargo para consolidar um esquema de corrupção que juntou altos funcionários da estatal, grandes empreiteiros, membros do Senado e da Câmara, ministros de Estado, governadores, dirigentes de partidos aliados do Planalto e doleiros. No caso dos últimos, em que se incluem Alberto Youssef e sua gangue, eles atuaram em conjunto na lavagem de dinheiro.

No mês de março de 2014, conforme já mencionamos, Paulo foi preso pela Polícia Federal na Operação Lava Jato. Foi apontado pela PF como integrante de um esquema que movimentou de forma suspeita cerca de R$ 10 bilhões. Progressivamente, a verba começou a voltar para o governo com o avanço das investigações. Segundo a força-tarefa, cerca de R$ 5 bilhões voltaram aos cofres públicos após as delações.[21]

---

21 Informação do jornal O Globo, de junho de 2017. Disponível em: <https://oglobo.globo.com/brasil/lava-jato-cooperacao-internacional-ja-recuperou-cerca-de-5-bilhoes-19447776>. Acesso em: 28 de agosto de 2017.

O QUE ELE FALOU?

Paulo Roberto Costa delatou à PF políticos que teriam recebido como propina parte do dinheiro de contratos da estatal com outras empresas. O depoimento foi dado perto das eleições e poderia ter afetado a reeleição de Dilma Rousseff.

O PT usou toda a força que tinha, toda a máquina pública e toda a sua influência para se manter no poder por mais algum tempo.

Além de parlamentares, tais como deputados federais e senadores, Paulo também mencionou governadores nos depoimentos em acordo de delação premiada. Ele não demorou como outros delatores. Seguindo o exemplo de Alberto Youssef, agilizou suas informações para as autoridades.

Entre os nomes divulgados estavam o então presidente da Câmara, Henrique Eduardo Alves (PMDB), o presidente do Senado, Renan Calheiros (também do PMDB), e o ministro de Minas e Energia, Edison Lobão (PMDB). Do Senado, foi apontada a participação do presidente nacional do PP, Ciro Nogueira (PI), e de Romero Jucá (PMDB). Entre os deputados delatados por Costa estão Cândido Vaccarezza (PT) e João Pizzolatti (PP). No mês de janeiro de 2015, foi revelado que em um quarto de hotel de luxo em Ipanema, no Rio, o ex-diretor de Abastecimento da Petrobras recebeu uma caixa de garrafas de cachaça recheada com R$ 200 mil em dinheiro vivo.

Os detalhes das eleições apareceram só depois, como era conveniente ao PT. Em 25 de agosto de 2015, Paulo Roberto Costa afirmou que autorizou o repasse de R$ 2 milhões para a campanha da então candidata à Presidência da República Dilma Rousseff em 2010. De acordo com Paulo, o dinheiro foi pedido pelo ex-ministro-chefe da Casa Civil Antonio Palocci. A afirmação foi feita durante a acareação entre Paulo e o doleiro Alberto Youssef, realizada pela CPI da Petrobras na Câmara dos Deputados.

Não ficou só nisso. No mês de novembro de 2016, Paulo Roberto Costa fechou acordo de cooperação com o FBI, a polícia federal norte-americana e o Departamento de Justiça dos Estados Unidos. Lá ele se comprometeu a cooperar com as investigações no âmbito da Promotoria de Justiça americana, com fornecimento de documentos e outros materiais.

Tanto no caso americano quanto no brasileiro, ele deverá comparecer a depoimentos e entrevistas sempre que for convocado.

A HISTÓRIA DA PETROBRAS ATÉ AQUELE MOMENTO

A Petróleo Brasileiro S.A., nome real de fundação da Petrobras, foi criada pela Lei nº 2.004, sancionada pelo então presidente da República, Getúlio Vargas, em 3 de outubro de 1953. O presidente gaúcho criou a empresa estatal para monopolizar a produção de petróleo, definindo as atribuições do Conselho Nacional do Petróleo (CNP).

Operações de exploração e produção de petróleo, assim como as demais atividades ligadas ao setor de petróleo, gás natural e seus derivados, exceto pela distribuição atacadista e a revenda no varejo pelos postos de abastecimento, foram conduzidas pela Petrobras de 1954 a 1997. Naquele tempo, a companhia se tornou líder na comercialização de derivados no Brasil.

Em seus primeiros anos, a Petrobras frustrou as expectativas com descobertas tidas inicialmente como promissoras: no ano de 1955 jorrou petróleo em Nova Olinda do Norte, às margens do Rio Madeira, mas não havia como explorar comercialmente aquela reserva.

Depois de mais de quarenta anos funcionando em regime de monopólio, o trabalho de exploração, produção, refino e transporte do petróleo no Brasil passou a competir com outras empresas estrangeiras e nacionais em 1997. Naquela ocasião, o presidente Fernando Henrique Cardoso sancionou a Lei nº 9.478, de 6 de agosto de 1997, abrindo a Petrobras para o exterior.

A lei regulamentou a redação dada ao artigo 177, §1º da Constituição da República, pela Emenda Constitucional nº 9 de 1995, permitindo que a União contratasse empresas privadas para exercê-lo.

A partir daí foram criadas a Agência Nacional do Petróleo (ANP), responsável pela regulação, fiscalização e contratação das atividades do setor, e o Conselho Nacional de Política Energética, órgão encarregado de formular a política pública de energia. A Petrobras então passou a ter auditores privados para suas atividades, apesar de ter passado os anos Lula e Dilma como a antessala da corrupção esquerdista.

Antes de os escândalos virem à tona, a empresa dobrou a sua produção diária de óleo e gás natural, ultrapassando a marca de 109 milhões de barris no Brasil e no exterior em 2003, comemorando seus cinquenta anos de existência. Depois explorou o bloco BM-S-10 na Bacia de Santos, onde perfuraria o primeiro poço do pré-sal, com 6.915 metros de profundidade, em 2005.

No ano de 2009, a empresa passou do vigésimo para o quarto lugar entre as empresas mais respeitadas do mundo, de acordo com o Reputation Institute, e, em maio do mesmo ano, iniciou a produção de petróleo na região do pré-sal, uma das camadas mais fundas do mar na costa brasileira. Desenvolveu tecnologia de ponta para chegar àqueles níveis submarinos e teria problemas de gastos excessivos na operação.

Mas a empresa iria implodir com as revelações de Paulo Roberto Costa, que mostraram a roubalheira disfarçada de "investimento" na era petista.

CONDENAÇÃO PÓS-DELAÇÃO

O ex-diretor da Petrobras Paulo Roberto Costa foi condenado a doze anos de prisão. Vai cumpri-los em prisão domiciliar com tornozeleira eletrônica pela contribuição com a Justiça nos termos da delação premiada.

Em outubro de 2016, passou para o regime semiaberto.

No mês de fevereiro de 2017, o Ministério Público Federal pediu ao juiz Sérgio Moro a suspensão dos benefícios de delação premiada de Paulo Roberto Costa, além de sua condenação à prisão.

Os procuradores querem que Paulo responda com base na lei de organizações criminosas. Alegam que o delator mentiu em sua colaboração, o que, pela lei, seria suficiente para quebrar o acordo firmado com a Justiça Federal.

O caso ainda vai gerar novos desdobramentos.

5.

NESTOR CERVERÓ E OS TENTÁCULOS NO PT

COMO A CORRUPÇÃO DA PETROBRAS CHEGOU DE
FATO AO RIO DE JANEIRO E AO NÚCLEO DURO
DO PARTIDO DOS TRABALHADORES.

Nestor Cuñat Cerveró é um engenheiro químico brasileiro que também tem nacionalidade espanhola. Ele foi diretor internacional da Petrobras de 2003 até 2008, além de ter gerido o setor financeiro da BR Distribuidora de 2008 a 2014.

Foi exonerado do cargo após investigações da Operação Lava Jato. Tem 65 anos.

Sua história, tanto quanto a de Paulo Roberto Costa, entra no centro da corrupção da Petrobras e, mais especificamente, na corrupção do PT em associação com o PMDB.

Seus depoimentos foram confusos no percurso da investigação. Mas já apontam para o grande chefe do esquema.

Lula.

Ele mesmo. O "nove dedos".[22]

---

22 Apelido carinhoso que dei ao ex-presidente Luiz Inácio Lula da Silva. Dizem as línguas mais maliciosas que é assim que o juiz Sérgio Moro se refere a ele.

O PROBLEMA DA DISTRIBUIÇÃO

A BR Distribuidora nasceu com o nome de Petrobras Distribuidora S.A. no dia 12 de novembro de 1971. Trata-se de uma empresa de capital fechado, diferente da estatal que está listada na Bovespa, tem ações fora do Brasil e comercializa derivados de petróleo (óleo diesel, gasolina e querosene de aviação), biocombustíveis (etanol e biodiesel), lubrificantes, emulsões asfálticas e produtos químicos.

Considerando o sobe e desce do preço do petróleo e dos combustíveis, esse setor da Petrobras é fundamental. Entre 2013 e 2014, o preço do barril despencou de US$ 115 para US$ 60. A Organização dos Países Exportadores de Petróleo (OPEP), criada em 1960, depois da Segunda Guerra Mundial, ligou o sinal vermelho, mas não conseguiu conter as perdas de empresas petrolíferas no mundo todo.

A crise econômica da China, que deixou de crescer 10% de seu PIB para desacelerar até 7%, foi mais um efeito dominó do *crash* econômico dos Estados Unidos e da Europa em 2008, produzido pela quebra do Lehmann Brothers e a recessão da União Europeia.[23]

23 Os Estados Unidos entraram em recessão graças à crise do *subprime*, que aniquilou as hipotecas e os preços de imóveis no país. Na União Europeia, a recessão grega provocou um efeito em cadeia. As duas crises criaram em 2008 o maior abismo econômico desde a crise de 1929, antes da Segunda Guerra Mundial. A quebra da bolsa de valores naquela época provocou até suicídios nos Estados Unidos.

Tudo isso diminuiu o consumo de petróleo, uma vez que os chineses são o motor de produção e importação no século XXI, com um capitalismo de Estado que cresce com a abertura do velhaco e reacionário governo comunista.

Tudo isso provocou um problema de distribuição na Petrobras e na sua BR, mas antes ela era usada como fonte de propinas dos políticos da era petista, principalmente porque é a maior entre as distribuidoras brasileiras. Culpa de uma penetração muito perene das petroleiras privadas em nosso país.

QUASE QUARENTA ANOS DE PETROBRAS E PRISÃO NO CENTRO DO ESCÂNDALO

Nestor Cerveró entrou na Petrobras em 1975, antes de a empresa enfrentar a série de problemas que levou o ex-presidente Fernando Henrique a privatizá-la em parte. Cerveró viveria na pele a crise do petróleo na década de 1980, que marcou o fim da União Soviética.

Mas o executivo da BR Distribuidora só ascendeu mesmo na diretoria internacional da Petrobras entre 2003 e 2008. Na frente da pasta, Cerveró viu os acordos da petroleira na lente direta do primeiro governo Lula e como as propinas eram institucionalizadas. Antes mesmo de o ex-metalúrgico assumir, existiam as propinas pagas à Perez Compac, empresa de energia argentina, que se juntou à Petrobras daquele país. Eram tempos de FHC e o propinoduto já chegava a US$ 100 milhões.

O diretor internacional então foi nomeado por Lula em 2008 para o setor financeiro da BR Distribuidora. Ao longo de sua carreira, fez amizade grande com um senador da República.

Seu nome era Delcídio do Amaral, um homem que transitou com desenvoltura entre a Petrobras, o PSDB e o próprio PT.

O QUE FOI PASADENA?

Falar do papel de Nestor Cerveró é falar sobre a compra de uma refinaria nos Estados Unidos. A falcatrua que se esconde nessa operação seria capa de todos os jornais e veículos de comunicação no Brasil. Selaria, definitivamente, o laço entre o PT e todos os escândalos que relatamos neste livro.

Durante o ano de 2006, a Petrobras pagou US$ 360 milhões por 50% da refinaria Pasadena. Em 2008, quando Cerveró foi para a distribuidora e saiu da diretoria, a empresa brasileira e a belga Astra Oil, sócias no negócio, desentenderam-se e uma decisão judicial obrigou a estatal brasileira a comprar a parte que pertencia à Astra Oil. A aquisição da refinaria de Pasadena acabou custando US$ 1,18 bilhão à Petrobras, mais de 27 vezes o que a outra companhia teve de desembolsar na operação. Ocorreu, portanto, um descarado superfaturamento operacional.

O absurdo foi tanto que a Astra gastou apenas US$ 42,5 milhões na operação. Dava para perceber rapidamente que a estatal brasileira com participação privada tinha se tornado uma lavanderia de dinheiro. Mas isso ficaria mais claro quando se verificasse quem estava por trás de tais operações.

Na época, a Petrobras justificou a compra alegando que a empresa precisava expandir a quantidade de petróleo para atender principalmente ao mercado externo. Seguiu, basicamente, o mesmo esquema de propinodutos que Nestor Cerveró especificou em sua delação premiada. Com o crescimento da sua produção e postos em outros países, a estatal achou fontes de renda para financiar campanhas políticas vultosas, sobretudo de nomes do PT.[24]

A companhia publicou na internet que a "operação de compra está alinhada com o plano estratégico da

---

24 A informação consta numa reportagem do G1 de 20 de março de 2014. Disponível em: <http://g1.globo.com/economia/noticia/2014/03/entenda-compra-da-refinaria-de-pasadena-pela-petrobras.html>. Acesso em: 28 de agosto de 2017.

Petrobras que estabelece, entre seus objetivos, consolidar-se como uma empresa integrada de energia, com forte presença internacional, expandindo as atividades de refino e comercialização, no país e no exterior, em sintonia com o crescimento dos mercados".

A refinaria em si fica numa unidade de refino de petróleo que está localizada no Houston Ship Channel, uma das vias navegáveis mais importantes dos EUA. Lá ela tem capacidade para refinar cerca de 120 mil barris de petróleo por dia e entrou para o patrimônio da Petrobras em 2006, quando a estatal a comprou.

Para quem não conhece, Pasadena é uma cidade que fica no coração dos Estados Unidos, no Estado do Texas, e tem cerca de 150 mil habitantes. É uma localidade que já foi atingida por tornados e fenômenos naturais, além de ser uma região de ranchos, da indústria pesada e da exploração do petróleo.

Quem fez o parecer que deu o pontapé inicial na compra fraudulenta? Nestor Cerveró, na época diretor da Petrobras.

E quem compunha o *board*[25] de diretores? Agrupados em dez executivos num mandato de um ano, eles eram liderados pela então ministra-chefe da Casa Civil do governo Lula, Dilma Vana Rousseff, nossa futura

---

25 Expressão em inglês para Conselho de diretores.

presidente da República.[26] Ela iria nos atirar de cabeça no Petrolão, graças ao trabalho de Cerveró e sua disposição em delatar os tentáculos petistas no maior escândalo de corrupção da História.

Ao atingir a sucessora política de Luiz Inácio Lula da Silva, o esquema que Nestor Cerveró montou com a refinaria, esquematizando propinas, em breve chegaria ao chefão do Partido dos Trabalhadores.

Para entender isso, vamos voltar um pouquinho.

Vamos falar a respeito de Delcídio do Amaral. Trata-se de um homem que, assim como Ernesto Geisel, soube misturar a vida pública e sua atuação empresarial como ninguém.

E justamente ele passou pelos dois maiores partidos do nosso cenário político, polarizado entre o PT e o PSDB.

---

26 Me recuso a chamar aquela mulher de presidenta, que fique claro, uma exigência ditatorial daquela esquerdista.

6.

DELCÍDIO, ODEBRECHT E A IMPLOSÃO DO GOVERNO DILMA ROUSSEFF

A QUEDA DO MAIOR ALIADO DO PT NO SENADO FEDERAL
E COMO DELCÍDIO DEU UMA DELAÇÃO REVELADORA
SOBRE O CARÁTER DO PARTIDO E DA SUA PRESIDÊNCIA EM
EXERCÍCIO, NA ÉPOCA.

Delcídio do Amaral Gómez nasceu em Corumbá, Mato Grosso do Sul, no dia 8 de fevereiro de 1955. Tem 62 anos. É engenheiro eletricista de formação e viveu dois anos na Europa, trabalhando para a anglo--holandesa Shell, também do setor de petróleo, como a Petrobras. Tornou-se diretor da Eletrosul em 1991.

A carreira empresarial rapidamente se misturou com a carreira política. Delcídio, por muito tempo, transitou bem em dois mundos bastante problemáticos.

Fã de motocicletas e de jaquetas de couro, Delcídio do Amaral sempre foi do rock'n'roll e nutriu uma paixão pela intensidade.[27] Assim também foi a sua carreira profissional.

---

27 O gosto de Delcídio por motos foi evidenciado numa reportagem de Fernando Rodrigues no UOL, em 19 de março de 2016. Ele teria ido com seu irmão a um protesto antiPT numa Harley Davidson. É possível acessar o texto neste link: <https://fernandorodrigues.blogosfera.uol.com. br/2016/03/19/delcidio-foi-de-moto-a-paulista-e-transgrediu-regras-de-prisao-domiciliar/>. Acesso em: 28 de agosto de 2017.

Ele entrou na secretaria executiva do Ministério de Minas e Energia em março de 1994, onde permaneceu até setembro. No final do governo Itamar Franco, transformou-se em ministro de Minas e Energia, de setembro de 1994 até janeiro de 1995.

Esse foi o gancho para sua entrada na maior estatal do setor petroquímico.

A RECOMENDAÇÃO DE FERNANDO HENRIQUE

Delcídio tornou-se diretor do setor de gás e energia da Petrobras. A recomendação foi de FHC. O Governo Federal colocou o futuro congressista em contato com dois delatores-chave da Lava Jato: Paulo Roberto Costa e Nestor Cerveró. Era óbvio, portanto, que a problemática compra de Pasadena e a lavagem de dinheiro em Curitiba fossem atingir Delcídio do Amaral em algum momento.

No meio político, as acusações chegarem a ele era uma questão de tempo. De tempo e de algumas delações premiadas.

Naquele tempo ele estava filiado ao PSDB. Foi dirigente dentro da Petrobras entre 1998 e 2001. No período final dentro da maior estatal de petróleo brasileira, começou a se aproximar do Partido dos Trabalhadores.

Era época de pré-candidatura de Luiz Inácio Lula da Silva pela quarta vez à presidência. Havia perdido duas disputas, 1994 e 1998, em primeiro turno, para Fernando Henrique. Antes, Lula teve uma disputa forte contra Fernando Collor de Mello, em 1989, perdendo em segundo turno. A vitória do ex-metalúrgico enterrou as pretensões políticas de José Serra e transformou o tucano Delcídio num petista.

E ele começou no PT nos bastidores, assim como atuava com Fernando Henrique Cardoso.

SECRETÁRIO DO ZECA DO PT E AMIGÃO DE DILMA

Delcídio começou trabalhando com José Orcírio Miranda dos Santos, o famoso "Zeca do PT" – favor não confundir com o outro Zeca, filho de José Dirceu.[28] Foi secretário de infraestrutura do político petista que era governador de Mato Grosso do Sul, seu Estado da Federação.

Zeca então recomendou a Delcídio do Amaral que concorresse ao cargo de senador em 2002. Delcídio elegeu-se.

---

28 Este, condenado pelo Mensalão. E o filho pode ser investigado na Lava Jato. Vê se pode!

Um ano antes de sua filiação, conheceu uma personagem-chave[29] do Petrolão: Dilma Vana Rousseff. Os dois entraram juntos no PT. Ele conheceu Dilma quando ainda era filiado ao PSDB e sempre elogiou a capacidade de trabalho dela. Na ocasião, Dilma Rousseff comandava a Secretaria de Energia, Minas e Comunicações do governo do Rio Grande do Sul.

A herdeira política de Lula conheceu Delcídio antes de Zeca do PT e sabia o que ele era. Ficou sabendo do trabalho dele como diretor da Petrobras e de sua atuação política anterior. Como dois novatos no petismo, eles achavam que iriam se erguer como baluartes morais do partido de esquerda. O destino mostraria que a mentira tem perna curta.

Ao contrário do tucanismo de Delcídio do Amaral, Dilma tinha vindo do PDT, brizolista e nacionalista de esquerda. Ela fez parte daquele partido depois de passar de maneira criminosa por gangues como o Comando de Libertação Nacional (Colina) e posteriormente a Vanguarda Armada Revolucionária Palmares (VAR-Palmares).

---

29 Informação consta em uma reportagem de Vera Rosa no jornal O *Estado de S. Paulo*, de 26 de novembro de 2015. Pode ser lida aqui: <http://politica.estadao.com.br/noticias/geral,ex-tucano-virou-petista-proximo-a-lula-e-dilma,10000003016>. Acesso em: 28 de agosto de 2017.

Dilma Rousseff foi terrorista confessa e ficou presa por três anos, a partir de 1970. Era esse tipo de gente que andava com Delcídio nessa época.

Não podia dar em boa coisa.

Era melhor ter continuado amigão de FHC.

PAPEL NO MENSALÃO DO PT: UMA ROUBALHEIRA ENTRE COMPANHEIROS

As longas madeixas brancas deram um novo apelido a Delcídio do Amaral dentro do Congresso: "Antonio Fagundes do Pantanal". O sorriso e a fala fácil dele não suavizaram um dos momentos mais baixos do Partido dos Trabalhadores. Foi então que estourou uma roubalheira nos Correios e o deputado Roberto Jefferson, do PTB, resolveu denunciar um esquema de compras entre os congressistas.

Jefferson era apoiador de Serra nas eleições presidenciais e testemunhou as relações espúrias dos petistas com José Dirceu. O PTB fechou com Lula e o PT, mas ele não conseguiu ficar quieto.

Por que isso? Porque a meta era criar um esquema de perpetuação no poder. Tudo por meio de uma mesada que os petistas juram de pé junto (até hoje!) que era apenas "caixa dois".[30] E Delcídio teve um papel nesse episódio.

Ele presidiu a CPMI dos Correios, que contribuiu para dar seguimento às denúncias de Roberto Jefferson e a troca de dinheiro em malas para a compra de emendas. A investigação de um Comitê Parlamentar de Inquérito contribuiu para uma queda importante para a história do PT.

Até aquele momento, os homens mais fortes do governo Lula eram José Dirceu, Luiz Gushiken,[31] José Genoíno e Antonio Palocci. O último deles, o Italiano, resolveu fazer negócios no ramo privado. Genoíno apareceu assinando os contratos do PT que geraram as fraudes e a compra de votos. Dirceu caiu de ministro-chefe da Casa Civil para seu cargo na Câmara dos Deputados. Foi cassado.

Delcídio dava uma cara "imparcial" a uma ala do PT. Isso deu força para um racha dentro da legenda, a chamada "Mensagem ao Partido". Com nomes como Tarso Genro e José Eduardo Cardozo,[32] eles pretendiam criticar o Partido dos Trabalhadores de-

---

30 Esta é uma das inúmeras teses mentirosas propagadas por blogs como Conversa Afiada, DCM, Vi O Mundo, Brasil247, fora as revistas *Fórum* e *Carta Capital.*

31 Gushiken foi um dos poucos absolvidos no Mensalão.

32 Este foi advogado de Dilma Rousseff durante o processo de impeachment.

pois do escândalo do Mensalão, que desviou pelo menos R$ 100 milhões.[33]

Uma piada pronta.

CANDIDATURAS FRACASSADAS AO GOVERNO DO ESTADO

O galã Delcídio do Amaral tentou o governo do Estado de Mato Grosso do Sul em 2006 e em 2014. Perdeu a primeira tentativa para André Puccinelli, do PMDB, que ficou por dois mandatos e ainda lançou a sua segunda vice, Simone Tebet,[34] ao Senado Federal. Ela seria uma das vozes importantes no impeachment de Dilma.

Malsucedido em cargos do Executivo, Delcídio tornou-se poderoso nos bastidores. Em 2009, arquivou as ações contra o ex-presidente José Sarney representando o poder do PT na Comissão de Ética do Senado.

---

33 O Procurador-Geral da República na época do julgamento, Roberto Gurgel, diz que pelo menos R$ 141 milhões foram desviados. Há dados de pelo menos R$ 160 milhões de corrupção, sendo R$ 56 milhões de Marcos Valério, encomendados pelo PT. R$ 55 milhões foram tomados em empréstimos pelo empresário e R$ 32 milhões, para outros congressistas. As informações são da Record, do portal R7: <http://noticias.r7.com/blogs/christina-lemos/2012/07/31/mensalao-distribuiu-r-141-milhoes-em-propina-diz-gurgel/>. Acesso em: 28 de agosto de 2017.

34 O primeiro vice foi Murilo Zauith, que era do DEM e depois foi para o PSB. Tebet também é do PMDB.

O futuro delator, portanto, estreitou o relacionamento entre o Partido dos Trabalhadores e o PMDB poupando o seu principal cacique.

Sarney assumiu a presidência da Casa em 1º de fevereiro daquele ano para sair só no mesmo dia em 2013. Seu cargo no Senado permitiu o fortalecimento de Michel Temer como vice de Dilma Rousseff. Dessa forma, Delcídio do Amaral transformou seus fracassos em sucessos no Congresso.

Pelo bom trabalho, Delcídio foi indicado pela Dilma em pessoa para assumir a liderança do PT no Senado em abril de 2015. Mal sabia o próprio que ele acabaria na cadeia depois da promoção.

E, depois, fora do partido.

NESTOR CERVERÓ E PRISÃO

Bernardo Cerveró, no dia 25 de novembro de 2015, tornou pública na imprensa[35] uma gravação comprometedora do senador petista. Na fita, Delcídio do Amaral sugere ao pai do ator que fuja do Brasil para não fazer a delação premiada, entregando detalhes da

---

35 A coluna de Fausto Macedo com a jornalista Andreza Matais tem a informação. Disponível em: <http://politica.estadao.com.br/blogs/fausto-macedo/filho-de-cervero-gravou-reuniao-com-telefone-e-gravador-de-voz/>. Acesso em: 28 de agosto de 2017.

negociação fraudulenta de Pasadena. Bernardo, assim como inúmeros artistas e empresas, recebeu patrocínio da Petrobras por leis de incentivo à cultura.

O homem de 36 anos é descrito como alguém que gosta de natureza e tem hábitos quase de um hippie. Ele acampava no Sana, região na serra de Macaé, no Rio de Janeiro. O filho de Cerveró costuma ir a Itaipava, distrito de Petrópolis, onde a família tem uma casa num condomínio. A quinze quilômetros da casa, numa região isolada e de difícil acesso, já no município de Teresópolis, a família de Nestor Cerveró tem ainda uma fazenda, a Serra da Estrela.

Naquela reunião, gravada, Bernardo estava num quarto de hotel em Brasília com Delcídio, um assessor e o até então advogado do seu pai, Edson Ribeiro. Nestor Cerveró estava, segundo o filho, enlouquecendo na cadeia. O ex-Petrobras estava apenas cumprindo a pena que foi justamente imputada. Delcídio do Amaral, a mando dos chefes do PT, foi preso ao tentar encontrar meios para Cerveró fugir.

A farsa não durou. Delcídio, líder do governo Dilma no Senado, foi preso no próprio dia 25 pela Polícia Federal. A prisão ocorreu sob acusação de tentativa de obstruir a Lava Jato tentando comprar o silêncio de Nestor Cerveró com uma mesada de R$ 50 mil. Além disso, o banqueiro André Esteves garantiria o repasse de R$ 4 milhões para Cerveró. O dinheiro seria um cala-boca para evitar um acordo de delação premiada explosivo. Esteves, então CEO[36] do BTG Pactual, e o advogado Edson Ribeiro, que atuou na defesa de Nestor Cerveró, também foram presos.

André Esteves não foi o primeiro grande executivo preso na Lava Jato. Ele encarou uma prisão temporária que foi convertida para preventiva entre os dias 25 de novembro e 18 de dezembro de 2015. Deixou o presídio de Bangu 8 após uma decisão do ministro Teori Zavascki[37] para cumprir prisão domiciliar, dando satisfações quinzenais à Justiça.

É neste momento que temos de parar de falar um pouco da linha Paulo Roberto Costa, Nestor Cerveró e Delcídio do Amaral.

É o momento da história de Marcelo Odebrecht.

O grande homem de Lula e Dilma, outro empresário metido no esquema corrupto.

---

36 Sigla para Chief Executive Officer, que pode ser traduzido literalmente para presidente.

37 Misteriosamente, no dia 19 de janeiro de 2017, o avião onde estava o ministro Zavascki caiu em Paraty, no Rio de Janeiro. O caso provoca controvérsia até hoje. Foi acidente ou assassinato?

AS ORIGENS DO HOMEM QUE REALMENTE ABALOU A REPÚBLICA

Marcelo Bahia Odebrecht tem 48 anos e foi capa da revista *Época*, da editora Globo, em junho de 2015. A chamada principal da publicação rival da *Veja* era "Ele ameaça derrubar a República" e trazia tanto partes do depoimento que iria anexar à delação premiada quanto informações de seu pai, Emílio.

A delação só explodiria em 2017. As revelações do príncipe baiano atingiram o coração do esquema criminoso do PT. A turma pró-Lula tentou desmoralizar as informações, mas sem sucesso. A delação de Odebrecht ficou conhecida como a "delação do fim do mundo".[38] Mas o caminho até a prisão de Marcelo e a revelação de seu papel na Lava Jato seria longo.

Por isso é importante aprofundar sua história. Ela aconteceu antes e em paralelo com a do sul-mato-grossense Delcídio do Amaral.

Vamos voltar a 18 de outubro de 1968.

Marcelo era um grande herdeiro. Mas a família Odebrecht nem sempre esteve ligada a escândalos de corrupção e nem sempre esteve associada aos gover-

---

38 Expressão consolidada pela cobertura jornalística das revistas *Veja* e *Época*.

nos petistas. A família da maior empreiteira brasileira tem uma origem muito peculiar.[39]

Eles surgiram há quinhentos anos, com sua origem na Pomerânia, hoje Alemanha.[40] Os pomeranos pronunciam "Ó-debr-'ê'-cht", com a sílaba tônica no "o" e com o "e" fechado. No Estado de Santa Catarina, berço brasileiro da família – ao contrário de quem pensa que é Salvador –, diz-se "odebréqueti" por influência italiana. O sobrenome significa "aquele que herdou fortuna".

Odebréchti, como falamos na grande e pequena imprensas brasileiras, é pura invenção. Não corresponde à realidade dos fatos.

O primeiro Odebrecht que pisou no Brasil chama-se Emílio, assim como o pai de Marcelo. Seu nome original era Emil, mas ele abrasileirou a palavra ao chegar ao nosso país. Ele chegou em 1856 com a roupa do corpo e foi contratado pelo colonizador Herr Blumenau. Juntos, ergueram a cidade hoje muito conhecida pelas cervejadas da Oktoberfest, a

---

39 Essas informações constam no site Intercept, do jornalista Glenn Greenwald (que é informativo quando não resolve esquerdar): <https://theintercept.com/2017/04/17/empreiteiros-odebrecht-ignoraram-trajetoria-da-familia-ao-crescer-ancorados-em-politicos/>. Acesso em: 28 de agosto de 2017.

40 A região também corresponde ao norte da Polônia e é fronteiriça, no sul do Mar Báltico.

150 quilômetros de Florianópolis. Tinha 21 anos na época e era especialista em mapas.

Cerca de cem integrantes da família Odebrecht ainda vivem em Blumenau. Ele gerou pelo menos 1.500 descendentes. O patriarca escreveu cartas aos parentes na Europa e era conhecido por sua ética. Não era nada adepto de maracutaias.

A riqueza e a glória do primeiro Emílio Odebrecht causou inveja aos parentes mais pobres. Seguindo a tendência do patriarca, muitos engenheiros e pequenos construtores acabaram migrando para a Bahia. Numa briga familiar, eles ganharam o direito a usar o próprio sobrenome. Isso provocou um racha entre os Odebrecht de Blumenau, em Santa Catarina, e os de Salvador.

O tio-avô de Norberto Odebrecht, avô de Marcelo, se embrenhou na mata, feriu o pé com um machado, foi salvo por uma ex-escrava e viveu com ela numa choupana por cinquenta anos. Pobre e doente, ele foi recolhido pela família. É a partir daí que começamos a falar do lado baiano e nordestino da família.

DEPOIS DO SUL, DE RECIFE ATÉ SALVADOR

Norberto nasceu em 9 de outubro de 1920, em Recife, Pernambuco, mesmo Estado do ex-presidente

Lula. Após se formar na Escola Politécnica da Bahia, fundou em 1944 uma das maiores empreiteiras do país: a Norberto Odebrecht, que se tornaria o Grupo Odebrecht. Chegou a empregar 180 mil pessoas e a atuar em 24 países, ajudando pró-comunistas, como ocorreu em Porto de Mariel, em Cuba.

O aporte no porto cubano, naquele país esquerdista, foi de US$ 682 milhões em dinheiro público do banco de investimento, equivalente a R$ 1,5 bilhão. O contrato foi firmado com envolvimento da Odebrecht e o empreendimento todo saiu por US$ 957 milhões.[41] Tudo pago com o seu dinheiro para que o grupo de Marcelo Odebrecht brincasse por lá.

A família então mudou-se para a Bahia. Norberto morreu no dia 19 de julho de 2014, aos 93 anos, já em Salvador. Emílio Alves Odebrecht nasceu no dia 25 de janeiro de 1945, no fim da Segunda Guerra Mundial. Tem 72 anos e foi o grande responsável por romper com a ética dos Odebrecht. Ao contrário dos antepassados catarinenses que fizeram sucesso no ramo privado, o mais novo Emílio quis ter um relacionamento íntimo com o poder.

---

41 A informação é do Jornal Nacional. Disponível em: <http://g1.globo.com/jornal-nacional/noticia/2015/08/mp-investiga-emprestimo-do-bndes-para-construcao-de-porto-em-cuba.html>. Acesso em: 28 de agosto de 2017.

Fez negócios com Fernando Henrique Cardoso, financiou campanhas por caixa dois e transformou a corrupção política num método de negócio.

O que Marcelo Odebrecht, seu filho, fez ao se aproximar de Luiz Inácio Lula da Silva, o adversário de FHC nas urnas, foi profissionalizar ainda mais as práticas que começaram a se instalar na empresa.

De acordo com o livro *O Príncipe: uma biografia não autorizada de Marcelo Odebrecht*, pai e filho brigavam por qualquer coisa nos bastidores. O patriarca torcia no futebol para o Bahia, enquanto Marcelo Odebrecht dava preferência ao Vitória.[42] As divergências foram tão grandes que, com a Lava Jato, os dois romperam.

A empreiteira dos descendentes de alemães iria se transformar num império de corrupção.

A LISTA DA FORBES, A INTERNACIONALIZAÇÃO E A CADEIA

Assim como André Esteves, do BTG, que despontou em bancos de investimento até ser preso com Delcídio

---

42 O livro foi lançado em 2017 pelos jornalistas Marcelo Cabral e Regiane Oliveira. A coluna Radar da revista *Veja* reproduz trechos do material. Disponível em: <http://veja.abril.com.br/blog/radar-on-line/marcelo-e-emilio-odebrecht-brigavam-em-casa-por-qualquer-coisa/>. Acesso em: 28 de agosto de 2017.

do Amaral, Marcelo Odebrecht, de perfil silencioso e até antipático, despontou nos rankings de revistas de negócios do Brasil e do mundo. A Odebrecht foi empresa do ano na revista *Melhores e Maiores EXAME*, da Editora Abril. Em 2015, a revista *Forbes* elegeu Marcelo o novo homem mais rico do Brasil. Mesmo preso.

O BNDES forneceu empréstimos de R$ 5 bilhões para a Odebrecht atuar no exterior. A empresa se tornou uma das cinco maiores do país, junto com a própria Petro, Banco do Brasil, Bradesco e a primeira, Itaú. A Braskem, braço petroquímico do grupo, foi formalizada por Emílio Odebrecht em 16 de agosto de 2002. A empresa irmã também ficou implicada por negócios com a Petrobras.

No dia 19 de junho de 2015, Marcelo Odebrecht foi preso em caráter preventivo durante a 14ª fase da Operação Lava Jato, batizada de "Erga Omnes".[43] Ele ficou à disposição da Justiça por tempo indefinido, para evitar obstrução jurídica. Entre as várias acusações de que é alvo, Marcelo é acusado de, junto com a construtora Andrade Gutiérrez, pagar mais de R$ 700 milhões em propinas.

O objetivo dos crimes era assegurar contratos bilionários em vários níveis do governo.

---

43 Expressão em latim para um jargão jurídico equivalente a "a regra vale para todos".

Também foi preso o presidente da Andrade Gutiérrez, Otávio Marques de Azevedo, que teve parte dos seus bens bloqueados pela Justiça.

Ou seja, os ricos e poderosos na esfera privada não se livraram da Lava Jato.

A "DELAÇÃO DO FIM DO MUNDO" E A IMPLOSÃO DE DILMA

Entre 2015 e 2016, após ser reeleita com 54 milhões de votos, Dilma Rousseff viu o poder se esvair de suas mãos no Congresso Nacional, viu Eduardo Cunha abrir um processo de impeachment e viu a oposição crescer em influência. Não aguentou e caiu. E levou o PT com ela.

As pedaladas fiscais de Dilma derrubaram a petista. O povo brasileiro enfim enxergava as fraudes contábeis, os esquemas de corrupção, as negociatas, e sentia os efeitos da economia de um país que começou a ter recessão de 3% do PIB a partir de 2015.

Em 8 de março de 2016, Marcelo foi condenado a dezenove anos e quatro meses de prisão pelos crimes de corrupção, lavagem de dinheiro e associação criminosa. Preso preventivamente e solto em 19 de fevereiro daquele ano pelo falecido ministro Teori Zavascki,

Delcídio do Amaral fechou acordo de delação premiada em 14 de março e concordou em devolver R$ 1,5 milhão aos cofres públicos. Além da corrupção na Petrobras de Dilma e Lula, ele também teria recebido US$ 10 milhões da Alstom, a mesma empresa francesa envolvida no cartel dos trens do PSDB em São Paulo.[44]

No documento, Delcídio conta sobre a responsabilidade de Dilma Rousseff na compra de Pasadena e, ao lado de Lula, na indicação de corruptos como Paulo Roberto Costa dentro da Petrobras.

Diz Delcídio do Amaral no documento, conectando o chefão Luiz Inácio Lula da Silva ao banqueiro André Esteves:

> "Ressalte-se ainda, que o BTG é um dos maiores mantenedores do Instituto LULA, sendo que um dos instrumentos utilizados para repasse de valores seria o velho esquema de pagamento de 'palestras'. Que ANDRÉ ESTEVES tem como seu 'gendarme', junto ao instituto LULA e ao próprio ex-presidente LULA, o ex-ministro ANTONIO PALOCCI."

---

44 Escândalo menor que o dos petistas, mas que estourou em 2013 e envolve os tucanos José Serra e Geraldo Alckmin. Alstom e Siemens teriam subornado o Governo do Estado de São Paulo para vencer licitações do metrô e da CPTM com seus trens, evitando a livre concorrência.

E ele ainda esclarece a conexão entre petistas e o PMDB:

> "É fato conhecido a relação de André Esteves com o deputado Eduardo Cunha e com o senador Romero Jucá. O presidente da Câmara funcionava como menino de recados de André Esteves, principalmente quando o assunto se relacionava a interesses do BANCO BTG, especialmente no que tange a emendas, as MPS que tramitam no Congresso."

A delação premiada de Marcelo Odebrecht, para reduzir sua pena em regime fechado para cerca de um ano, demorou. Chegou a ser protocolada somente em 12 de abril de 2017.

O empreiteiro mais poderoso do Brasil esclareceu que fez negócios com o ex-presidente Lula pela reforma de seu sítio em Atibaia, que ele atribui ao petista Jacó Bittar.[45] Ele reformou o imóvel por mais de um milhão de reais como um presente ao ex-governante.

O pai, Emílio Odebrecht, também teria falado sobre o negócio.

Marcelo também pagou cerca de R$ 50 milhões para o grupo de Aécio Neves, o tucano que encarou

---

45 Um dos fundadores do PT. Ex-prefeito de Campinas, petroleiro e sindicalista.

Dilma. E fez altos negócios com parlamentares em troca de benefícios para sua empresa na Copa e nas Olimpíadas no Brasil. A Odebrecht dominou o país na propinagem.

A Odebrecht também liberou a famosa planilha, uma lista em que políticos eram identificados por apelidos com especificações das propinas que receberam e o caixa dois de suas campanhas. Gleisi Hoffmann, atual presidente do PT, aparece como a "Amante". Aécio é o "Mineirinho". Romero Jucá, cacique do PMDB, é o "Caju". Rodrigo Maia, que hoje é presidente da Câmara sob Temer, é "Botafogo". Os nomes são de fato engraçados, mas a realidade não é. Os partidos também receberam nomes de times de futebol. PT é "Flamengo". PSDB é "Corinthians". O PMDB virou o "Internacional" de Porto Alegre.

A empresa tinha uma "Divisão de Operações Estruturadas", que nada mais era do que um setor de propinas para políticos e partidos. Um escárnio a céu aberto!

"Tanto Lula quanto Dilma tinham conhecimento do montante [de dinheiro], digamos assim, não exatamente do valor preciso, mas sabiam da dimensão do nosso apoio ao longo dos anos. A Dilma sabia que o nosso apoio estava direcionado ao [publicitário] João Santana, embora ela não pedisse pagamento diretamente. Com a Lava Jato rodando, eu a avisei que isso poderia contaminar a campanha dela", resumiu Marcelo na sua delação premiada.

Mas antes de chegar a João Santana, vamos ao algoz de Dilma Rousseff.

Trata-se do ex-congressista Eduardo Cunha.

7.

EDUARDO CUNHA E OS PRIMEIROS ESCÂNDALOS DE MICHEL TEMER

O PODEROSO PRESIDENTE DA CÂMARA DOS DEPUTADOS QUE NOS ENTREGOU O IMPEACHMENT DE DILMA ROUSSEFF. COMO ELE CONECTOU OUTROS POLÍTICOS QUE SEMPRE ESTIVERAM PRESENTES NOS ESCÂNDALOS DA PETROBRAS.

Eduardo Cosentino da Cunha é um homem público que exala poder, mesmo depois de sua prisão na Lava Jato. Sua capacidade de articulação sobrevive atrás das grades. No Congresso, ele era duro nas negociações com deputados e conquistou os eleitores do Rio de Janeiro. Na prisão, dizem que ele controla até o fluxo de marmitas dos colegas de cela.[46]

Ele sempre foi um homem de bastidores. No entanto, quando seu rosto se tornou conhecido no Brasil inteiro, ele pulverizou o governo Dilma Rousseff. E, desde então, nunca saiu dos noticiários.

Com 58 anos, prestes a fazer 59, Eduardo Cunha é uma das personalidades mais importantes da crise

---

46 A informação consta numa reportagem de Wálter Nunes, publicada na *Folha de S.Paulo*, em 3 de julho de 2017. Disponível em: <http://www1. folha.uol.com.br/poder/2017/07/1897877-tido-como-preso-mais-frio-cunha-vira-distribuidor-de-marmitas.shtml>. Acesso em: 13 set. 2017.

política recente e está prestes a fazer sua delação premiada, colocando todo o governo Michel Temer em risco, já em 2017.

O PASSADO POLÍTICO E EMPRESARIAL – COM COLLOR

Ele é filho de Elcy Teixeira da Cunha e Elza Cosentino, descendente de imigrantes italianos oriundos de Castelluccio Inferiore, na região da Basilicata. Por suas origens, é ítalo-brasileiro, com as duas cidadanias. Nasceu no Rio de Janeiro em 29 de setembro de 1958. Aos catorze anos, iniciou-se na vida profissional como corretor de seguros.

Com 1,85 metro de altura, Eduardo Cunha tem voz grave e nasalada, que sai com o forte sotaque carioca. Ouvinte atento, conversar com ele é sempre uma oportunidade de ouvir um interlocutor inteligente. Suas abordagens são tão cerebrais que ele é capaz até de desmontar inimigos declarados, como o esquerdista Ciro Gomes.[47]

Eduardo Cosentino da Cunha se graduou em Economia pela Universidade Candido Mendes e traba-

---

47 Ciro chegou a chamá-lo de ladrão em sessões da Câmara. Ele se vangloria do episódio, embora apoie Lula.

lhou como auditor na empresa Arthur Andersen de 1978 a 1980. Sua carreira corporativa ainda se enriqueceria com a Xerox do Brasil (de 1980 a 1982). Foi exatamente nos anos de formação que ele teve a ideia de entrar para a política.

Começou trabalhando nas campanhas de Eliseu Resende, candidato ao governo de Minas Gerais pelo Partido Democrático Social (PDS) na eleição de 1982. Caiu de vez na oposição com Moreira Franco, candidato ao governo fluminense pelo PMDB em 1986, quando ele venceu Darcy Ribeiro (PDT).

O PMDB surgiu em 1980, com o PT, como o agrupamento do antigo MDB, que fazia oposição democrática ao Arena. Eles não caíram na besteira da "luta armada democrática", como muitos petistas.

Um homem mudaria sua vida: Paulo César Siqueira Cavalcante Farias.

PC Farias, o homem que levaria Fernando Collor de Mello à ruína na presidência da República, ajudou Cunha. Ele nega o favorecimento[48] de PC em sua entrada no governo. Primeiro, Paulo César pediu que Eduardo Cunha se filiasse ao Partido da Reconstrução Nacional (PRN). Lá, Cunha atuou como tesoureiro de campanha no Rio de Janeiro. Apesar da disputa aperta-

---

48 A recusa dele consta no programa *Diálogos*, do jornalista Mario Sergio Conti, da GloboNews. O próprio Conti teria ouvido as informações da boca de Paulo César Farias, o PC.

da que levou Lula como adversário ao segundo turno, Collor venceu.

O próprio presidente da República convidou Eduardo Cunha para integrar o time econômico da então ministra da Fazenda, Zélia Cardoso de Mello. Cunha recusou e, em 1991, PC Farias lhe deu a presidência da estatal de telecomunicações do Rio – a Telerj. Cunha começou a operar naquela época.

O então presidente da estatal teria assinado um aditivo de US$ 92 milhões a um contrato da Telerj com a fornecedora de equipamentos telefônicos NEC do Brasil. O caso foi encarado como superfaturamento. Eduardo Cunha também aumentou os preços das tarifas telefônicas, cujas linhas apresentavam problemas claros de funcionamento. Apesar das acusações, Cunha diz que foi o primeiro a trazer a telefonia celular ao Brasil,[49] que culminou na instalação de 3 mil terminais para a nova tecnologia no Rio de Janeiro.

No meio de escândalos, sua vida pessoal se encontrou com suas faces política e empresarial. Ele foi casado com Cristina Bastos Dytz, mãe de seus três filhos: Danielle Dytz da Cunha, publicitária e identificada como uma das beneficiárias das contas na Suíça que se tornaram de conhecimento público graças às inves-

---

49 A informação consta numa reportagem do programa *Arquivo N*, da GloboNews, que foi ao ar na ocasião de sua prisão, em setembro de 2016, depois de ter o mandato de deputado cassado.

tigações na Lava Jato. Os outros filhos são Camilla e Felipe Dytz da Cunha. Seu segundo casamento ocorreu nos anos 1990 e envolveu uma figura conhecida da televisão.

Eduardo Cunha se casou pela segunda vez com a jornalista Cláudia Cruz, ex-apresentadora de telejornais da Rede Globo. Ele a conheceu quando era presidente da Telerj e com ela teve Bárbara, conhecida como Babu. A voz de Cláudia foi usada nas chamadas de voz da Telerj, tamanha a proximidade entre os dois. Ela saiu da Globo em 2001.

Cunha deu os primeiros passos para as privatizações nas telecomunicações, mas isso só seria concretizado nos dois governos de Fernando Henrique Cardoso.

Ele diz que pediu demissão da estatal e foi exonerado em 1993. Na época, os escândalos de PC Farias provocariam o impeachment de Collor. O "testa de ferro" presidencial poderia ter colocado Cunha numa enrascada séria, mas ele jamais foi condenado.

Cunha se livrou dessa. E se livraria de outras situações com sua lábia e sua habilidade política e corporativa.

OPERANDO NA BOLSA DE VALORES E VOLTA À POLÍTICA

Paulo César Farias foi encontrado morto, junto de sua namorada Suzana Marcolino, na praia de Guaxuma, no dia 23 de junho de 1996. Investigações do legista Badan Palhares afirmaram que Suzana Marcolino matou PC Farias e suicidou-se em seguida. O médico-legista alagoano George Sanguinetti e o perito criminal Ricardo Molina de Figueiredo afirmam que o casal foi assassinado. PC teria trocado Suzana por outra mulher, o que supostamente seria o motivo do crime.

O processo envolvendo o nome de Paulo César Farias chegou a ter Eduardo Cunha como réu, entre 41 acusados, mas a denúncia não prosperou. Ele negou as acusações. Com isso, Cunha voltou para as sombras.

Por alguns anos, Eduardo Cunha atuou como *trader*[50] na Bolsa de Valores do Rio de Janeiro e prestou consultorias. Mesmo depois de voltar à política, tinha, por causa dessas atividades, fortes laços dentro do setor privado.

Isso permitiu que ele se aproximasse do ex-ministro da Fazenda e então deputado federal Francisco Dornelles para se filiar ao Partido Progressista Brasileiro (PPB) em 1995. Ficou próximo também do empresário Francisco Silva, então o deputado federal mais votado

---

50 *Trader* é a expressão em inglês mais comum para "operador de bolsa de valores", aquele que compra e vende ações de companhias abertas e listadas tanto para si mesmo quanto para terceiros.

do Rio de Janeiro e dono da rádio evangélica Melodia FM, que depois seria presidida por Eduardo Cunha. Cunha deu a ele uma das linhas telefônicas, caríssimas na época em terreno carioca, por 20% do valor original. Em troca, Cunha ficou frente a frente com o público evangélico.

Os dois se tornaram sócios na empresa Montourisme Passagens e Turismo e Eduardo Cunha vendeu sua parte ao empresário meses depois. A amizade empresarial rendeu outra recomendação de Cunha para a Telerj durante o governo FHC.

Depois, Cunha deixou a vida de *trader* para lançar-se candidato pela primeira vez nas eleições do Rio de Janeiro, em 1998. Tentou uma vaga de deputado estadual e recebeu 15 mil votos. A baixa votação o deixou apenas com a suplência na Assembleia Legislativa do Estado. Aproximou-se do Poder Executivo regional. Foi o efeito de tanto investimento de tempo e esforços em sua própria cidade.

No ano seguinte, em 1999, o governo de Anthony Garotinho nomeou Francisco Silva, o amigão do ex-parceiro de PC Farias, como secretário de Habitação. Foi ele que nomeou Cunha como subsecretário em agosto de 1999. A secretaria foi extinta em outubro e foi substituída pela Companhia Estadual de Habitação (Cehab). Silva foi reassumir seu mandato parlamentar e indicou Cunha para ocupar a presidência da nova empresa estatal. Ele ficou no cargo por pouco mais de seis meses.

Virando capa da revista *Veja*[51] e tema de reportagens do *Jornal Nacional*, Eduardo Cunha foi afastado em abril de 2000 por conta de denúncias de irregularidades em contratos sem licitação e favorecimento a empresas fantasmas, de laranjas.

Cunha foi acusado de favorecimento à construtora Grande Piso, de propriedade de um filiado do PRN. Ela levou, em quatro licitações, uma soma de R$ 34 milhões para o conjunto Nova Sepetiba. Aquele era o maior projeto habitacional do governo Garotinho e foi constatado que a empreiteira não tinha condições para tocar as obras.

Eduardo Cunha também somou acusações num outro caso de irregularidades que envolveu a empresa Caci, representada por Jorge La Salvia, ex-procurador de Paulo César Farias. A companhia venceu duas concorrências de R$ 570 mil para auditar contratos imobiliários da Cehab, sob Cunha. O carioca começou a carregar novos escândalos, mas isso não abalou os laços entre Anthony Garotinho e Eduardo Cunha.

---

51 DIEGUEZ, C. "Rádio, marketing e gogó". In: *Veja*, n. 1708, ano XXIV, jul. 2001.

Muito dessa aliança se dava por Cunha dirigir a rádio Melodia FM. Lá ele também era produtor do programa do governador fluminense para o público evangélico da emissora. Naquela época, em uma visita à residência oficial do governador para gravar um desses programas, Cunha e o deputado federal Francisco Silva foram vítimas de uma emboscada à bala na zona portuária do Rio de Janeiro, em outubro de 2000.

Eduardo Cunha escapou ileso, enquanto Silva levou um tiro de raspão.

Em 2001, o Tribunal de Contas do Estado do Rio de Janeiro chegou a averiguar e atestar as diversas irregularidades nas licitações da Cehab, dentre as quais a adulteração da certidão negativa de tributos estaduais da Grande Piso, bem como o superfaturamento da precificação com que a Caci atuava. Cunha foi notificado para se defender. Ele obviamente não foi condenado. Isso contribuiu muito para a fama dele no Rio.

A aliança entre Cunha e Garotinho catapultou Cunha, enquanto o governador não conseguiu vencer as eleições presidenciais de 2002, contra José Serra e o vencedor, Lula.

CUNHA CHEGA ATÉ A CÂMARA

Antes de tentar a presidência, o governador Anthony Garotinho articulou para seus aliados em 2001. Foi assim que Eduardo Cunha deixou de ser suplente e assumiu uma vaga de deputado estadual na Alerj.

A manobra política garantiu imunidade nas investigações do Ministério Público. Garotinho lhe era grato pela proximidade com o público evangélico.

O fato é que Cunha cada vez mais era conhecido à frente da Melodia FM. O congressista mantinha boletins diários para falar de assuntos variados com os seguidores da religião que mais cresceu entre os anos 1990 e 2000 no Brasil.

Ele terminava as transmissões com o bordão: "O povo merece respeito".

Midiático e amigo de Garotinho, Eduardo Cunha se lançou candidato a uma cadeira na Câmara dos Deputados nas eleições gerais de 2002. Foi eleito com 101.495 votos na disputa. Deu certo.

Entre os doadores de campanha, segundo o Tribunal Superior Eleitoral (TSE), estava o maior grupo de comunicação do país. O candidato recebeu doações de campanha de uma das empresas fundadas por Roberto Marinho. A Infoglobo Comunicações SA, braço do jornal *O Globo*, financiou R$ 10 mil do total de cerca de R$ 330 mil que o deputado recebeu para se eleger, de acordo com sua prestação de contas de 2002.

Mas os dois – Garotinho e Cunha – romperiam depois disso. E o governador também arrumaria uma briga irreversível com a Globo.[52]

Por qual motivo?

Cunha começaria a fazer seus troca-trocas. Ou seja, suas próprias articulações. No ano de 2003, ele trocou o então Partido Progressista (PP) pelo Partido do Movimento Democrático Brasileiro, o PMDB, e se transformou numa máquina eleitoral com a ajuda das igrejas evangélicas.

Eduardo Cunha conseguiu a reeleição nas eleições de 2006, com 130.773 votos, para deputado federal. E ampliou a margem de contatos e de público, atuando sempre nos bastidores. Outra reeleição foi conquistada em 2010, pelo PMDB, com 150.616 votos. Na época, o deputado declarou ao TSE ter recebido R$ 4,76 milhões em doações, considerando que R$ 500 mil vieram da empreiteira Camargo Corrêa e o mesmo valor da Usina de Açúcar e Álcool de Naviraí.

---

52 Além de ter quebrado bastante o Estado do Rio de Janeiro, Garotinho se tornaria malquisto no círculo dos Marinho ao insinuar que a empresa sonega impostos.

DOS BASTIDORES ATÉ A PRESIDÊNCIA DA CASA

Eduardo Cunha cansou das sombras.

Ele foi eleito líder do PMDB na Câmara em 2013, era o degrau abaixo do presidente da Casa, Henrique Eduardo Alves. Fora José Sarney, que já estava praticamente fora do jogo político, e de Michel Temer, que pertencia à chapa com Dilma Rousseff, Cunha estava no centro nervoso do poder vasto do PMDB junto à máquina perversa petista.

No ano seguinte, entrou com uma queixa-crime no Supremo Tribunal Federal contra o também deputado Anthony Garotinho (PR-RJ) por injúria e difamação. Garotinho, em seu blog, referiu-se a Cunha como "deputado-lobista".[53] Ali estava encerrada uma amizade histórica.

Com a denúncia, assessores da Câmara e lobistas com acesso a parlamentares do PMDB relataram que Eduardo Cunha registrou em uma agenda a lista de empresas. O deputado sempre conversou, graças ao seu passado no setor privado e como *trader* da bolsa, com setores de energia, telefonia e construção civil. Todos esses setores foram beneficiados por sua atuação parlamentar. Quer um exemplo?

---

53 A informação segue no ar, no link a seguir: <http://blogdogarotinho.com. br/lartigo.aspx?id=15413>. Acesso em 13 set. 2017.

Ainda em 2014, Eduardo Cosentino da Cunha foi reeleito para mais uma legislatura, com 232.708 votos. Pela quarta vez consecutiva. Tornou-se o terceiro deputado mais votado do Estado do Rio de Janeiro. Mas o sucesso eleitoral se deu em termos controversos.

Em plena campanha, o candidato do PMDB recebeu um total de R$ 6,8 milhões, segundo a sua prestação oficial de contas no TSE. Do valor total, cerca de R$ 900 mil vieram da Telemont Engenharia de Telecomunicações S/A. A empresa tem conexão com a Vivo e, em maio de 2015, ambas entraram em um projeto conjunto da Cisco com a Eletrobras para infraestrutura de telecomunicação.

A iniciativa foi calculada em R$ 1,2 bilhão e financiada pelo Banco Mundial para construir sistemas de medição inteligente para os seguintes estados: Amazonas, Alagoas, Acre, Piauí, Rondônia e Roraima. A operadora Vivo participou no consórcio com a Telemont utilizando o nome de Telefônica. Um ano antes de Cunha se reeleger, cem funcionários da Telemont fizeram greve em Campinas por falta de pagamento da participação nos lucros da empresa. Trata-se de uma terceirizada da Vivo focada em instalação de equipamentos de telecomunicação e acesso à internet. São todas empresas do meio de relações de Eduardo Cunha.

Além disso, ele atuou como radialista em sete rádios FM nos estados do Rio de Janeiro, São Paulo, Piauí e Paraná, violando o artigo 54 da Constituição Federal, que proíbe políticos de terem influência na mídia.

O PODER MÁXIMO DE EDUARDO CUNHA

No mês de fevereiro de 2015, Cunha foi eleito para a Presidência da Câmara com 267 votos. Naquele mesmo ano, ao lado do pastor Silas Malafaia, ele participou de um evento com a comunidade evangélica no Rio. "Deus me colocou lá. Eu sempre digo, Silas, se Deus me colocou lá, ele saberá sempre honrar o trabalho que fez. Todos conhecem quem sou, quais são as minhas posições e o que vou fazer valer. Muito obrigado e que Deus abençoe todos vocês. Afinal de contas, o nosso povo merece respeito", afirmou Eduardo Cunha na ocasião, repetindo seu bordão da rádio.

Até 12 setembro de 2016, Cunha foi o autor, individualmente ou em conjunto, de 95 projetos de lei e de emendas à Constituição. E é nesse ponto unicamente que ele brilhou de maneira positiva, em contraposição a outras ações de favorecimento próprio.

Um deles foi o PL 8.220/2014, que torna gratuita a participação no Exame da Ordem dos Advogados do Brasil (OAB) até a aprovação final do bacharel, que está em tramitação. Além dele, há também o PL 7.881/2014, que obriga a remoção de links de mecanismos de pesquisa na internet que façam referência a informações consideradas defasadas ou irrelevantes sobre o envolvido e que está relacionada ao "direito ao esquecimento", uma lei interessantíssima em tempos de Google e de invasão da privacidade na internet.

Contra os esquerdistas que querem só pregar a causa gay, Cunha foi atrás do PL 7.382/2010, que "penaliza a discriminação contra heterossexuais". Chegou a propor o "Dia do Orgulho Hétero", em contraposição às iniciativas dos LGBT.

Na ocasião de sua ascensão máxima à presidência da Câmara dos Deputados, Eduardo Cunha então posava de aliado da ex-presidente Dilma Rousseff. Foi eleito por 267 votos contra Arlindo Chinaglia, com 136 votos. Fingiu que não viu que estava sendo traído desde o começo.

Cunha fazia vista grossa à bagunça macroeconômica que a gerentona Dilma causou. Ele se dizia aliado, embora fosse um presidente da Câmara realmente imparcial e justo. Mas ele também sempre teve um olho no peixe e outro no gato.

Diferente de antecessores, a situação não se manteria igual por todo o tempo. Eduardo Cunha mudaria de ideia pelo bem do Brasil.

A IMPLOSÃO DE DILMA E O CAPITÃO DO IMPEACHMENT

O governo Dilma Rousseff foi implodido, como informamos no capítulo anterior, conforme as investigações da Operação Lava Jato chegaram ao senador petista Delcídio do Amaral, a executivos no núcleo da Petrobras e ao megaempresário Marcelo Odebrecht. Cunha veio apenas para detonar mais explosivos numa estrutura altamente danificada pelas esquerdas no Governo Federal.

Foi traído pelo Partido dos Trabalhadores no final de 2015, quando os petistas resolveram colocar o seu mandato em risco na Comissão de Ética da Câmara. Retaliou. E, dessa vez, o então vice-presidente Michel Temer lhe deu sustentação dentro do PMDB, que enfrentava a resistência de Renan Calheiros, outro homem que cresceu com Fernando Collor de Mello, foi sucessor político de José Sarney e estava na aba de Dilma.

Temer mandou uma carta nos bastidores reclamando que Dilma Rousseff o tratava como "vice decorativo".[54] Cunha, então, abriu o processo de impeachment, que foi autorizado em 17 de abril de 2016 para depois ser levado ao Senado. Com isso, Michel Temer assumiu como presidente interino em maio daquele mesmo ano. "Que Deus tenha misericórdia desta nação", disse Eduardo Cunha ao votar favoravelmente ao processo protocolado pelos magistrados Hélio Pereira Bicudo (ex-petista),[55] Miguel Reale Júnior e Janaína Conceição Paschoal, que caracterizaram as chamadas "pedaladas fiscais"[56] como crime de responsabilidade econômica.

Entre os deputados, foram 367 votos contra 137, sendo 7 abstenções e 2 ausentes. Entre senadores, no dia 12 de maio de 2016, foram 55 votos favoráveis contra 22 e 2 ausentes.

Isso permitiu que Michel Temer assumisse a presidência e começasse as trocas nos ministérios.

Nada disso aconteceria sem o capitão do impeachment, Cunha.

---

54 A mensagem, com introdução em latim, foi divulgada em primeira mão pelo falecido jornalista Jorge Bastos Moreno.

55 Era um dos integrantes mais próximos de Lula no PT. Afastou-se na roubalheira do Mensalão.

56 Pedaladas foram recursos que Dilma usou em bancos públicos para direcionar gastos do Estado para programas sociais, quebrando os cofres públicos. Eram os famosos créditos suplementares, abertos sem concordância do Congresso, o que é ilegal.

OS PROCESSOS NO STF

Com foro privilegiado, Eduardo Cunha tinha inquéritos de investigações abertos no Supremo Tribunal Federal encaminhados pela Procuradoria-Geral da República, sob coordenação de Rodrigo Janot. E não eram poucos os processos, o que agradava a parte do PT que gostaria de ver punido o seu algoz.

Cunha era investigado por US$ 5 milhões recebidos como propina para viabilizar contratos de navios-sonda vinculados com a Petrobras. Havia também as denúncias por suas contas secretas na Europa e em outras partes do mundo, sobretudo em paraísos fiscais – onde ele não pagava impostos. E mais três investigações.

Uma delas era sobre suspeitas de propinas da obra do Porto Maravilha no Rio de Janeiro. Na delação de Delcídio do Amaral, Eduardo Cunha aparece desviando dinheiro de Furnas, território dominado por Aécio Neves, Antonio Anastasia e Zezé Perrella, sendo que o último é acusado de ser dono de um helicóptero usado para o transporte de mais de 450 quilos de pasta-base de cocaína, o que dá mais de uma tonelada da droga quando transformada no pó. Furnas, para quem não sabe, é subsidiária da Eletrobras, que também foi corrompida no governo Dilma Rousseff. Em primeira instância, o juiz Sérgio Moro abriu investigação por enriquecimento ilícito para cima de Cláudia Cruz, esposa de Cunha. Ela teria gastado dinheiro de cartões de crédito corporativos em lojas de luxo, o que se encaixa no crime de lavagem de dinheiro. A propinagem concentrou US$ 1,5 milhão, que veio de uma concessão da Petrobras no campo de petróleo de Benin, no continente africano.

Cunha disse que os trustes que controlavam as contas não lhe pertenciam e que ele era apenas "usufrutuário" (utilizador) do dinheiro presente ali. Moro alegou nos autos que as empresas parecem falsas apenas para despistar a fiscalização tributária e os reais propósitos do deputado no exterior. O truste é considerado uma entidade jurídica legal e Eduardo Cunha se valeu disso para criar contas na Suíça. O uso, porém, pode ocultar lavagem de dinheiro público da Petrobras, fora a sonegação de impostos.

A QUEDA DE DILMA ROUSSEFF E OS ATRITOS DE CUNHA

Com 61 votos favoráveis e 20 contrários, o Senado Federal aprovou o pedido de impeachment e afastou definitivamente a presidente Dilma Vana Rousseff do cargo no dia 31 de agosto de 2016. Numa segunda votação, feita por Renan Calheiros e Randolfe Rodrigues, o menino de Marina Silva na Rede, os senadores decidiram manter os direitos políticos de Dilma. Foram 42 votos favoráveis à inabilitação – seriam necessários 54 –, 36 contrários e três abstenções. Por isso, Dilma ainda poderá exercer funções públicas, como ocupar cargos de confiança ou se candidatar em eleições futuras. E ela ainda saiu dizendo a asneira de que o "impeachment foi golpe" – acompanhada pela presença melancólica e patética de Luiz Inácio Lula da Silva.

A TRISTE SINA DE EDUARDO CUNHA APÓS O IMPEACHMENT

Antes do impedimento final de Dilma, Cid Gomes, ex-ministro da Educação e irmão de Ciro Gomes, chamou Cunha de "achacador". Com o impeachment redondo, ele passou a cobrar verba e cargos do novo governo. E Eduardo Cunha jogava barrando e atrasando as reformas que serviam para recuperar a nossa economia.

Precisávamos de mudanças nos direitos trabalhistas, na Previdência e em impostos. Infelizmente, Cunha retardou isso.

E os processos corriam.

No dia 5 de maio de 2016, o ministro do STF Teori Zavascki, relator da Operação Lava Jato na instância suprema, acolheu o pedido da Procuradoria-Geral da República, afastando Eduardo Cunha de seu mandato de deputado federal e, consequentemente, da presidência da Câmara dos Deputados.

Com seu afastamento provisório, Waldir Maranhão assumiu interinamente a presidência da Câmara. Depois, Rodrigo Maia (DEM) venceria Rogério Rosso (PSD), compondo a nova base do governo, mais alinhada com o PSDB.

A decisão do ministro Zavascki teve caráter liminar, mas, no mesmo dia, o STF analisou o pedido de afastamento protocolado pela Procuradoria-Geral da República no lugar de um pedido formalizado pelo partido Rede de Marina Silva. A legenda verde e novata na política sustenta que, por ser réu de uma ação penal da Operação Lava Jato, Cunha não pode estar na linha sucessória à Presidência da República. Esse último pedido não foi para a frente, mas o outro foi.

Por unanimidade, os onze ministros do Supremo votaram a favor do afastamento de Cunha, conforme o pedido da PGR, entendendo que o deputado usava seu cargo para atrapalhar as investigações da Operação Lava Jato. A decisão não incluiu a cassação do deputado, que só podia ser conduzida pelo plenário da Câmara com os seus 513 deputados.

No dia 7 de julho de 2016, em discurso no Salão Nobre da Câmara dos Deputados, Cunha renunciou à presidência da Câmara, após afastamento de dois meses.

Já no dia 12 de setembro de 2016, o plenário da Câmara dos Deputados cassou o mandato parlamentar de Eduardo Cunha por 450 votos a favor, dez contrários e nove abstenções. O argumento dos deputados, muitos deles ex-aliados de Cunha, era a quebra de decoro parlamentar, considerando que o ex-deputado teria mentido à CPI da Petrobras ao negar, durante depoimento em março de 2015, ser titular de contas bancárias no exterior.

A condenação deixou Cunha inelegível por oito anos a contar do final do mandato (que seria em 2018), sendo proibido de disputar cargos eletivos até o fim de 2026.

O episódio trágico teve sua conclusão no mês seguinte: em 19 de outubro de 2016 Cunha foi preso preventivamente em Brasília. A decisão foi do juiz federal Sérgio Moro, responsável pela Operação Lava Jato em primeira instância, em Curitiba. Além dessa sentença, no dia 18 de maio de 2017 a Justiça expediu um novo mandado de prisão contra Eduardo Cunha após a delação premiada de Joesley e Wesley, proprietários do grupo JBS.

Apesar do destino, Eduardo Cunha cumpriu sua missão ao colocar um fim nos governos esquerdistas do PT. Fez seu dever ético como deputado.

Ele ameaça, ainda em 2017, fazer delação premiada, que pode comprometer Michel Temer e a cúpula do PMDB, na mesma linha de Joesley Batista, da J&F, *holding*[57] da JBS.[58]

---

57 Expressão em inglês para grupo detentor de diferentes negócios. A J&F era dona, por exemplo, da Alpargatas, dona dos chinelos Havaianas. Desfez-se do negócio por R$ 3,5 bilhões em 12 de julho de 2017.

58 O acordo de delação premiada de Cunha não foi fechado por falta de consistência, na visão do procurador-geral da República, Rodrigo Janot. Seu operador, Lúcio Funaro, fechou acordo em agosto, afirmando que o presidente Michel Temer sabia de pagamentos de propina da Petrobras, conforme foi publicado pelo portal G1 da Globo. O argumento do procurador agradou mais a PGR.

8.

JOÃO VACCARI, RENATO DUQUE E OS TENTÁCULOS DE LULA NO ESCÂNDALO

OS HOMENS DO "CHEFE". AS FIGURAS PRÓXIMAS DO ALTO ESCALÃO DO PT QUE ATUAVAM DIRETAMENTE NO ESQUEMA E COMPROVAM QUE LUIZ INÁCIO LULA DA SILVA SABIA E CHEFIOU TUDO.

Os delatores e denunciadores da Operação Lava Jato detonaram o governo Dilma Rousseff depois de sua vitória fraudulenta nas eleições de 2014, financiada com dinheiro da Petrobras. O TCU reprovou as contas de campanha em 2015, mas o TSE, infelizmente, não cassou a chapa Dilma-Temer após as denúncias devidamente encaminhadas.

É importante saber que o Tribunal de Contas da União é a entidade de fiscalização contábil, financeira, orçamentária, operacional e patrimonial da União e das entidades da administração direta e indireta, quanto à legalidade, à legitimidade e à economicidade e a fiscalização da aplicação das subvenções e da renúncia de receitas. A informação consta no site oficial da instituição.[59]

59 Disponível em: <http://portal.tcu.gov.br/institucional/conheca-o-tcu/historia/historia-do-tcu.htm>. Acesso em 18 set. 2017.

Quem podia cassar a chapa eleitoral e barrar os dois após as eleições era o Tribunal Superior Eleitoral (TSE). É a instância jurídica máxima da Justiça Eleitoral brasileira, com jurisdição nacional. As demais instâncias são representadas nos momentos de eleição pelos Tribunais Regionais Eleitorais (TRE), juízes e juntas eleitorais que estão espalhados pelo Brasil. O TSE exerce ação conjunta com os TRES, que são os responsáveis diretos pela administração do processo eleitoral nos Estados e nos municípios.

Mas os procuradores e o juiz Sérgio Moro iriam além, depois das falhas dessas entidades.

Eles chegariam até o grande chefe do petismo e do esquerdismo na América Latina. Aquele que quis bolivarizar o Brasil.

O Lula.

E fizeram isso, claro, indo pelo bolso do Partido dos Trabalhadores.

BANCOOP, TESOURARIA DO PT E COMPANHIA DE ALBERTO YOUSSEF

João Vaccari Neto é paulistano, tem 58 anos e é um personagem-chave para entender a Lava Jato, Dilma

Rousseff e o ex-presidente Lula. É uma figura mais antiga no PT do que se imagina.

Para começar, ele tem uma conexão com o tríplex de Luiz Inácio Lula da Silva, que o levou à condenação em um caso recente, por decisão do juiz Moro. Vaccari foi secretário de Finanças e Planejamento do PT e depois foi presidente da Cooperativa Habitacional dos Bancários de São Paulo (Bancoop), criada por Ricardo Berzoini em 1996. A partir de 2002, na campanha de Lula, a Bancoop emitiu notas frias e deixou de entregar imóveis aos trabalhadores que haviam adquirido suas cotas de aquisição.

A cooperativa, na verdade, era um imenso caixa dois do Partido dos Trabalhadores. A partir de 2006, dona Marisa Letícia, a então primeira-dama do ex-presidente Lula, falecida em decorrência de um AVC em 3 de fevereiro de 2017,[60] ficou interessada nas cotas do edifício Solaris no Guarujá. O imóvel seria dado pela OAS como uma propina de presente para Lula.

Depois da proximidade com os bancários, Vaccari foi eleito segundo suplente de senador por São Paulo, na chapa encabeçada por Aloizio Mercadante, em 2002. Com o PT no poder, se aproximaria de Alberto Youssef numa consequência indireta dos negócios

---

60 Os petistas diriam o absurdo de que ela "foi morta pelo pânico desnecessário causado pela Operação Lava Jato". Lula transformou seu velório num palanque. Um horror.

da própria Petrobras. Seu destino seria tão dramático quanto o de Delúbio Soares, outro ex-tesoureiro petista, que foi condenado a oito anos e onze meses de prisão por formação de quadrilha e corrupção ativa em novembro de 2012, mas absolvido em 2014 do crime de quadrilheiro após o STF aceitar o recurso dos embargos infringentes. Delúbio faria contratos fictícios, seria participante da Máfia dos Vampiros, que sugou dinheiro do Ministério da Saúde, e foi condenado a cinco anos por lavagem de dinheiro no Petrolão.

Voltando ao nosso personagem, João Vaccari Neto também foi membro do Conselho de Administração da Itaipu Binacional, exonerado em janeiro de 2015 do cargo por Dilma Rousseff. Por todas essas conexões, e por ter feito a campanha da gerentona, seus crimes só ficariam mais claros na gestão bizarra da Petrobras, nas petrorroubalheiras.

UMA SEQUÊNCIA DE CONDENAÇÕES

No dia 22 de junho de 2015, Vaccari foi condenado pela Justiça de Moro em primeira instância a uma pena de quinze anos e quatro meses de reclusão pelos crimes de corrupção passiva, lavagem de dinheiro e associação criminosa. A sentença saiu no âmbito da

Operação Lava Jato, após as delações de Alberto Youssef e Paulo Roberto Costa. Esperava-se que João Vaccari Neto se tornaria o delator do núcleo do PT. Isso acabou não acontecendo.

Ao ser convocado pela comissão à CPI da Petrobras, Vaccari afirmou em 9 de abril de 2015, em audiência, que as doações oficiais feitas por empresas investigadas pela Operação Lava Jato na campanha eleitoral de 2010 não representam peso excessivo no total arrecadado. Na ocasião, admitiu ter frequentado o escritório do doleiro Youssef, o homem-bomba da Lava Jato e o primeiro delator premiado.

Ele foi, enfim, preso pela Polícia Federal no dia 15 de abril de 2015, na 12ª fase da Operação Lava Jato, em mais de quarenta etapas de investigação. Acabou encarcerado por algum tempo no complexo médico-penal em Pinhais, em Curitiba.

Em 15 de setembro de 2016, Vaccari voltou a ser condenado em primeira instância, novamente na Lava Jato, a uma pena de seis anos e oito meses pelo crime de corrupção passiva. A sentença saiu por sua participação no esquema do empréstimo fraudulento do Banco Schahin ao Partido dos Trabalhadores.

O Banco Schahin é um braço financeiro do Grupo Schahin, presente no mercado há quatro décadas. Suas operações englobam diversos setores, como engenharia, telecomunicações, construção, empreendimentos imobiliários, linhas de transmissão de energia, entre outros. O BMG comprou o Banco Schahin em 2011 por R$ 230 milhões e não reconheceu uma dívida relacionada a uma verba colocada numa empresa de fachada nas Ilhas Virgens Britânicas, que não foi declarada às autoridades brasileiras. O dinheiro é citado na Lava Jato.

O ex-tesoureiro já era indiciado por processos que envolviam suas outras atuações. No mês de outubro de 2010, Vaccari se tornou réu no Caso Bancoop por crime de formação de quadrilha, tentativa de estelionato, falsidade ideológica e lavagem de dinheiro, por desvios de recursos no total aproximado de R$ 70 milhões e prejuízo de aproximadamente R$ 100 milhões a cooperados que não receberam suas unidades habitacionais. Sete anos depois, em 19 de abril de 2017, foi absolvido pela Justiça.

Sempre que indagado por seus extensos crimes, Vaccari buscou se calar, devido à decisão do Supremo Tribunal Federal. No entanto, o silencioso integrante do PT diz estar "à disposição das autoridades nas investigações",[61] quando abre o bico. Um blá-blá-blá moralista totalmente oco, como é típico dos petistas.

---

61 José Dirceu tem um posicionamento parecido. Para o PT, os dois são "heróis". Isso foi afirmado na convenção do partido que deu posse à nova presidente, Gleisi Hoffmann, em 2017.

Não bastasse tudo isso, João Vaccari Neto se tornou réu novamente em 4 de agosto de 2016, num processo da Operação Custo Brasil, um desdobramento da Lava Jato. É acusado de montar um esquema que teria desviado R$ 100 milhões de empréstimos consignados de servidores públicos federais.

O chefão do esquema era Paulo Bernardo Silva, marido da senadora e presidente do PT, Gleisi Hoffmann, que foi ministro do Planejamento de Lula e das Comunicações de Dilma Rousseff. Ex-sindicalista do Paraná, foi ele que organizou a propinagem de consignados com Vaccari. O ex-ministro foi preso em um desdobramento da operação Lava Jato no dia 23 de junho daquele mesmo ano, mas foi solto uma semana depois, em 29 de junho de 2016, pelo ministro Dias Toffoli, que considerou a prisão um "flagrante constrangimento ilegal". As propinas que envolveram Bernardo são referentes aos contratos de prestação de serviços de informática pela empresa Consist, entre 2010 e 2015. No mês de julho de 2016, foi indiciado pela Polícia Federal por corrupção passiva na Lava Jato.

Em 1º de agosto de 2016, o chefão foi denunciado pelo Ministério Público Federal à Justiça, pelos crimes de organização criminosa, corrupção passiva e lavagem de dinheiro, ao lado de dezenove pessoas. No dia 4 daquele mesmo mês, a Justiça Federal aceitou a denúncia do MPF e Paulo Bernardo tornou-se réu no processo, acusado de fraudar um serviço de gestão de crédito consignado para funcionários públicos.

Não bastasse isso, no dia 27 de setembro de 2016, Paulo Bernardo se tornou réu em outro processo no STF, que foi aceito por unanimidade pela segunda turma do Supremo. A denúncia foi apresentada pela Procuradoria-Geral da República contra Paulo Bernardo e sua esposa Gleisi na Lava Jato.

As condenações do ex-tesoureiro Vaccari, em quatro ações decorrentes da Lava Jato, somam juntas uma pena de 41 anos de prisão. E no mês de março de 2017 ele se tornou réu pela quinta vez, em razão de um esquema de corrupção na Sete Brasil, e responderá por corrupção passiva. Mas o serviço correto da Justiça seria golpeado mais adiante, quando Dilma já nem era mais a presidente da República.

No dia 27 de junho de 2017 o Tribunal Regional Federal da 4ª Região derrubou uma sentença do juiz federal Sérgio Moro e absolveu o ex-tesoureiro do PT João Vaccari Neto de quinze anos e quatro meses de prisão. O Ministério Público Federal (MPF) vai recorrer.

A decisão acendeu uma luz de alerta na sociedade. Houve um sentimento de estranheza, porque o TR4 havia até então confirmado ou aumentado as penas aplicadas por Moro. Em mais de 65% dos casos ocorreram acréscimos de penalidades nos julgamentos. Um exemplo é o do ex-diretor da Petrobras, Renato Duque, que viu sua condenação saltar de 20 para 43 anos. Até meados de 2017, cinco réus tiveram a "sorte" de conseguir uma redução nas penas de Sério Moro.

Mas o caso de Vaccari era o mais perigoso. "Haveria em curso uma marmelada..." contra o "Instituto da Delação Premiada"? Integrantes do Ministério Público temem que a decisão em favor de Vaccari possa causar um efeito dominó em outras sentenças de Moro, sobretudo nas investigações que não são baseadas em provas materiais e sim em delações e no cruzamento de informações.

Todo cuidado é pouco.

É bom lembrar que estamos falando das mais eficientes aves de rapina da corrupção de todos os tempos.

Vamos em frente para conhecer quem são os outros empreiteiros envolvidos ou sócios dos crimes de João Vaccari.

O EX-DIRETOR DA PETROBRAS TÃO IMPORTANTE QUANTO PAULO ROBERTO

Paulo Roberto Costa de certa maneira tornou-se um dos rostos mais conhecidos da Operação Lava Jato. Mas o ex-diretor da Petrobras não seria o único grande nome da petroleira vinculado com o escândalo. Paulo Roberto denunciou os crimes do PP no esquema, junto com José Janene. Nestor Cerveró denunciou o PMDB e quase tomou um cala-boca do governo, mas ainda assim atingiu figuras poderosíssimas, como Eduardo Cunha, o homem que aceitou o impeachment de Dilma Rousseff.

Renato de Souza Duque tem 61 anos e nasceu no dia 29 de setembro de 1955. Engenheiro de formação, foi diretor de Serviços da Petrobras entre 2003 e 2012, na plena ascensão de Lula e em parte do governo Dilma Rousseff, que ainda não tinha pedalado e criado a maior recessão econômica de nossa história.

De acordo com os procuradores da força-tarefa do Ministério Público Federal, foram feitas 24 doações ao PT entre outubro de 2008 e abril de 2010, totalizando R$ 4,26 milhões, a pedido do próprio Renato Duque. Ele teria agido, portanto, em sincronia com o ex-tesoureiro Vaccari.

Segundo a Polícia Federal, Duque é investigado por ter firmado contratos com um cartel de empreiteiras e desviado os recursos para a corrupção de políticos e agentes públicos. O cartel das empreiteiras reúne Odebrecht, OAS, Camargo Corrêa e outras, que estão sendo investigadas, punindo-se corruptores e políticos corrompidos.

Por isso mesmo, ele não foi poupado.

Renato Duque foi preso na 10ª fase da Operação Lava Jato, batizada de "Que país é esse". O acusado foi encaminhado para a sede da PF em Curitiba e depois transferido para o complexo médico-penal em Pinhais, no Paraná.

Quando solicitado para prestar depoimento na CPI da Petrobras, no dia 2 de setembro de 2015, Renato Duque, alegou que Augusto Ribeiro de Mendonça Neto, ex-executivo da Toyo Setal e um dos delatores da Operação Lava Jato, era "mentiroso". Ambos participaram de acareação na CPI, junto ao ex-tesoureiro do PT, João Vaccari Neto. Mais tarde naquele mês, em 21 de setembro de 2015, Renato Duque recebeu condenação pelos crimes de corrupção passiva e lavagem de dinheiro. A condenação diz respeito à ação penal cuja origem reside na 10ª fase da Lava Jato.

A sentença proíbe que Duque assuma quaisquer cargos em esfera pública, e a especificação se estende também a funções de diretor, membro de Conselho ou administração de corporações.

Já em 8 de março de 2016, Renato Duque foi condenado em referência a outro processo, também ligados a desvios de recursos na Petrobras, incluindo os crimes de corrupção passiva e lavagem de dinheiro. A sentença correspondeu a vinte anos, três meses e dez dias de prisão em regime fechado. O total de condenações correspondem a quase 41 anos de prisão, sendo que deverá cumprir somente trinta anos, dado que tal é o cumprimento máximo, conforme prevê o atual Código Penal brasileiro.

A pena dele é a maior dentro da Operação Lava Jato, comparada à do operador do Mensalão Marcos Valério. A Justiça determinou ainda o confisco de aproximadamente US$ 2,7 milhões do saldo sequestrado na conta em nome da *offshore* Milzart Overseas, no Banco Julius Baer, no Principado de Mônaco, além de cerca de 20 milhões de euros.

O juiz de primeira instância que acompanha o processo acredita que a conta pertence a Renato Duque. Conforme disse Sérgio Moro:

> "Observo que há indícios de que essa conta recebeu propinas também decorrentes de outros contratos da Petrobras, estando sujeito o saldo à decretação de confisco em outras ações penais."

O lado petista abriu pouco o bico. Por uma lealdade quase cega ao patrão Lula, nem Vaccari nem Renato Duque entraram na delação premiada. E ainda tiveram a cara de pau de acusar outros delatores de mentirosos.

Mas o cerco se ampliaria, graças aos delatores, nas conexões entre escândalos.

MARCOS VALÉRIO VOLTA À CENA – DO MENSALÃO AO PETROLÃO

Mineiro de Curvelo, Marcos Valério Fernandes de Souza tem 56 anos e é o histórico dono da agência de publicidade DNA, responsável pelo caixa dois de campanhas como a do ex-governador Eduardo Azeredo, do PSDB, e a de Lula na presidência da República, vencida em 2003. Evoluiu de um patrimônio de R$ 400 mil em 1997 para R$ 16 milhões em 2005, na campanha de reeleição do ex-presidente.

Por esse enriquecimento ilícito astronômico, ele foi condenado a quarenta anos, quatro meses e seis dias, com multa de R$ 3 milhões, pelos crimes de corrupção ativa, peculato, lavagem de dinheiro, evasão de divisas e formação de quadrilha no Mensalão petista, que atingiu José Dirceu e José Genoino. Com os embargos infringentes aceitos pelo Supremo Tribunal Federal, a sentença caiu para 37 anos, 5 meses e 6 dias. Valério não caiu no Mensalão mineiro de Azeredo, e seus laços de financiamento com o PT começaram a aparecer também no Petrolão.

O ex-governador, ex-deputado e ex-senador Eduardo Azeredo foi condenado em primeira instância em 16 de dezembro de 2015. A pena fixada foi de vinte anos e dez meses de prisão, em regime inicialmente fechado, pelos crimes de peculato e lavagem de dinheiro. Ele espera recurso em segunda instância, de acordo com o Tribunal de Justiça de Minas Gerais. O recurso ocorreu no início do mês de maio de 2016.

Segundo a repórter Carolina Linhares, em texto publicado no dia 22 de julho de 2017, do jornal *Folha de S.Paulo*,[62] o acordo de delação firmado entre o publicitário Marcos Valério e a Polícia Federal andou e detalha o esquema do Mensalão mineiro e tucano. Depois de tomar a maior pena do Mensalão, Valério resolveu delatar para ajudar, inclusive, no Petrolão.

Suas palavras têm potencial para atingir os senadores Aécio Neves e José Serra, além dos ex-presidentes Luiz Inácio Lula da Silva e Fernando Henrique Cardoso. A colaboração premiada com a PF incorpora sessenta anexos – relatos de episódios de supostas irregularidades – que haviam sido rejeitados pela Procuradoria-Geral da República e pelo Ministério Público de Minas Gerais. O novo acordo ainda ampliaria a lista de implicados. A delação, assinada em julho de 2017,

---

62 Reportagem disponível em: <www1.folha.uol.com.br/
  poder/2017/07/1903384-delacao-de-marcos-valerio-atinge-fhc-lula-e-aecio.
  shtml>. Acesso em: 13 set. 2017.

foi enviada ao Supremo Tribunal Federal e depende de homologação. Não está claro quais episódios serão considerados e investigados pela PF.

Para relembrar, as empresas SMP&B e DNA Propaganda, de Marcos Valério, financiaram a fracassada campanha de reeleição do então governador mineiro do PSDB, Eduardo Azeredo, em 1998. Uma planilha assinada pelo publicitário aponta que a campanha recebeu cerca de R$ 10 milhões (R$ 33 milhões em valores atualizados) oriundos de desvios de estatais como a Cemig, Copasa, Furnas, Comig, Eletrobras, Petrobras, Correios, Banco do Brasil e Banco do Estado de Minas Gerais, que seria privatizado ainda em 1998. O documento, datado de 1999, foi entregue à PF. O relatório aponta ainda que quase R$ 48 milhões (R$ 159 milhões atuais) foram obtidos via empréstimos, especialmente com o Banco Rural, que foi criminalizado no Mensalão. As dívidas, segundo os anexos, seriam quitadas por construtoras, como a ARG e a Andrade Gutierrez. Eis aí um vínculo com a Petrobras.

De acordo com o controle financeiro de Valério, foram arrecadados e distribuídos ao menos R$ 104 milhões (R$ 346 milhões corrigidos com a inflação) na campanha. A lista de recebedores supostamente inclui políticos e membros do Judiciário e pode ser revelada em detalhes ainda em 2017.

O esquema de empréstimos fraudulentos do Banco Rural e um repasse de, na época, R$ 1 milhão, advindo da Usiminas via caixa dois, beneficiaram também as campanhas de FHC (1998), Aécio (2002) e Serra (2002). A siderúrgica também foi usada na eleição de Lula, em 2002, conta Valério. Ou seja, o publicitário simplesmente operou da mesma maneira tanto com o PSDB quanto com o PT. As informações são de investigações da Polícia Federal e da Procuradoria-Geral da República.

Anexos incluem que Serra atuou, após perder a eleição presidencial de 2002, para resolver pendências do Banco Rural. Em troca ele teve R$ 1 milhão em dívidas de campanha pago pelo banco, com intermédio da agência SMP&B de Marcos Valério.

O pagamento de propina era feito em troca da obtenção de contratos para suas agências. Durante o governo FHC, afirma, a DNA Propaganda repassou a Aécio 2% do faturamento do seu contrato com o Banco do Brasil, que havia sido arranjado pelo senador com o aval do ex-presidente.

As tratativas para a delação premiada de Valério no âmbito da Lava Jato começaram ainda em meados de 2016. Um ofício de junho do Ministério Público de Minas Gerais pediu que os relatos fossem enviados à Procuradoria-Geral da República por tratarem de políticos com foro privilegiado no STF. A Procuradoria chegou a enviar representantes a Minas, mas não levou o acerto adiante. Uma nova tentativa com a 17ª Promotoria de Justiça de Defesa do Patrimônio Público de Belo Horizonte foi recusada em março de 2017.

O LINK DE VALÉRIO COM O PT E OS ESCÂNDALOS DE LULA

Marcos Valério afirma que, no governo Lula, pagava R$ 50 mil por mês ao ex-ministro José Dirceu como acerto por uma conta de publicidade dos Correios. Dirceu, como sabíamos, era o sucessor ideológico de Luiz Inácio Lula da Silva, queria concorrer à presidência e fazia o trabalho intelectual do crime para a companheirada. Dirceu sempre foi a mente criminosa mais astuta do PT.

A troca de favores teria se repetido em órgãos como a Câmara dos Deputados, o ministério dos Esportes e a Assembleia de Minas, entre outros. Aécio teria encontrado Valério em Belo Horizonte com a diretoria do Banco Rural e com os então deputados Eduardo Paes e Carlos Sampaio. O bate-papo ocorreu na mesma época da CPI dos Correios, de 2005, e o assunto foi a blindagem de investigações sobre a campanha de Azeredo.

A maquiagem de dados do banco pelo tucano foi delatada também pelo ex-senador Delcídio do Amaral, que conectou os lados petista e peemedebista do escândalo. Em outra CPI, a do Banestado, de 2003, o Banco Rural, de acordo com Valério, repassou R$ 500 mil a parlamentares por meio do deputado federal José Mentor para escapar de acusações.

E é nesse ponto que as informações preliminares do publicitário ficam interessantes. Os sessenta anexos iniciais de Valério narram que o presidente do Instituto Lula, Paulo Okamotto, foi nomeado pelo ex-presidente para ser o contato com a SMP&B em meio à crise do Mensalão. No ano de 2005 ele acertou um pagamento de R$ 5 milhões via Andrade Gutierrez. O ex-tesoureiro do PT Delúbio Soares articulou com Marcos Valério um encontro entre o banqueiro Daniel Dantas e o ex-ministro Antonio Palocci para resolver problemas do Grupo Opportunity com o governo Lula. A Brasil Telecom, controlada pelo grupo, contratou serviços superfaturados do publicitário Duda Mendonça no valor de R$ 12 milhões. Foi um negócio criminoso com vantagens para as duas partes. Há, ainda, anexos que relatam uma série de episódios envolvendo propina, como o pagamento de uma reforma no estádio do Morumbi e de prefeituras mineiras.

Lula cairia de cabeça na Operação Lava Jato. Mas ainda não por culpa de Marcos Valério, e sim por danos colaterais. É alvo de pelo menos seis inquéritos, com três investigações que envolvem um apartamento tipo tríplex no condomínio Solaris, no Guarujá, São Paulo; um sítio em Atibaia, no interior paulista; e a compra de um terreno do Instituto Lula. Em primeira instância, ele foi condenado a nove anos e seis meses pelo juiz Sérgio Moro. No primeiro caso, o ex-presidente nega que é dono da propriedade e mostra um documento que afirma que a construtora OAS, uma das contratadas da Petrobras, é a verdadeira dona do imóvel. No segundo caso, ele diz que Jacó Bittar, um dos fundadores do PT, é o verdadeiro proprietário e que ele apenas utilizava o sítio.

Nos dois casos, os imóveis tiveram reformas irregulares, dadas pelas construtoras OAS e Odebrecht e equivalentes a R$ 1 milhão e 277 mil cada. Bens do Palácio do Planalto também foram enviados ao sítio de Atibaia.

E há o nome de um homem que liga os pontos dos tentáculos de Lula no poder público: Léo Pinheiro.

OAS E O PEDIDO DO EX-PRESIDENTE PARA DESTRUIR AS PROVAS

Encarcerado primeiro em novembro de 2014, o empreiteiro José Adelmário Pinheiro, o Léo Pinheiro, da OAS, foi preso novamente no dia 5 de setembro de 2016, durante a Operação Greenfield, que apura crimes em fundos de pensão, um dos maiores centros de lavagem da era petista no governo. O ex-presidente da companhia foi conduzido coercitivamente na ação que investiga desvios de R$ 8 bilhões de entidades como Funcef, Petros, Previ e Postalis, mas também cumpre pena preventivamente por ordem do juiz federal Sérgio Moro, da Operação Lava Jato.

Ele tentou por dois anos uma delação premiada com a força-tarefa da Lava Jato. No fim de agosto, a Procuradoria-Geral da República suspendeu as negociações de delação premiada do ex-presidente da OAS. A determinação veio do procurador-geral da República, Rodrigo Janot, após vazamento de informações sobre as tratativas entre o empresário e os investigadores da Lava Jato. O ministro do Supremo Tribunal Federal Dias Toffoli foi citado na proposta de delação de Pinheiro. O vazamento da informação deixou Janot muito incomodado.

Com a justificativa de que a menção sobre Dias Toffoli era uma forma de pressão para concluir o acordo, Rodrigo Janot jogou todas as informações no lixo. Inexplicável, pelo menos do ponto de vista moral e legal.

A decisão teve cheiro de companheirismo e de medo. A história de que Toffoli comentou com Léo Pinheiro sobre uma simples infiltração em sua casa teve algo a ver? Graças a isso, uma empresa foi indicada pelos engenheiros da OAS para fazer uma super-reforma que nunca foi explicada.

O que se sabe é que a casa do ministro ganhou ares de mansão de revista no ano de 2011. E que, depois do escândalo, ele apresentou um recibo de pagamento da obra.

Janot engavetou o caso e ficou o dito pelo não dito.

Agora, cá entre nós. Quem chama gente de uma empreiteira do tamanho da OAS para verificar uma simples infiltração em casa?

Nada é coincidência. Toffoli foi advogado do PT antes de ser ministro.

Mas a casa dos petistas só cairia de verdade meses depois.

Quando resolveu falar, Pinheiro estava condenado a 39 anos de prisão e preso pela segunda vez desde setembro de 2016. Foi então que decidiu entregar o chefe, o verdadeiro chefe de todas as falcatruas.

Divulgada na imprensa no dia 20 de abril de 2017,[63] a declaração do empresário Léo Pinheiro em audiência em Curitiba afirma que o ex-presidente Lula tentou obstruir o trabalho da Justiça. Segundo o empresário, o ex-presidente pediu a ele que destruísse provas sobre propinas que a empreiteira pagou ao PT.

---

63 Segundo reportagem de Mario Cesar Carvalho na *Folha*. disponível em: <www1.folha.uol.com.br/poder/2017/04/1877330-leo-pinheiro-diz-que-lula-pediu-para-ele-destruir-provas-de-propina.shtml>. Acesso em: 13 set. 2017.

Os dois discutiram sobre propina no Instituto Lula entre abril e maio de 2014. A informação tinha rolado dois meses depois do início da Operação Lava Jato. Lula parecia "um pouco irritado", de acordo com o delator, e teria perguntado se a OAS pagava propina ao PT no Brasil ou no exterior. O empresário disse que pagava em nosso país. O ex-presidente perguntou se ele mantinha os registros dos pagamentos feitos ao então tesoureiro do PT, João Vaccari Neto. Ele sinalizou que sim.

E veio a frase que entrou para a história. Para a história das maiores falcatruas de corrupção deste país. Lula teria dito, segundo Pinheiro: "Você tem algum registro de algum encontro de contas, de alguma coisa feita com João Vaccari? Se tiver, destrua".

O ex-presidente disse a ele que não devia aparecer em nada, caso houvesse registro das operações, num tom duro e autoritário. Nada mau para quem apoia ditaduras como as de Hugo Chávez e Nicolás Maduro na Venezuela, não é mesmo?

O depoimento foi gravado no próprio dia 20, com o juiz Sérgio Moro, dentro do processo que envolve a reforma do tríplex no Guarujá. Léo Pinheiro afirmou que o apartamento pertencia ao ex-presidente Lula.

Desde 2016, a acusação do Ministério Público afirma que Lula recebeu R$ 3,7 milhões em propinas pagas pela OAS, oriundas de contratos da Petrobras. Parte do dinheiro teria sido investido na reforma do tríplex. A OAS também pagou pelo transporte e armazenamento de bens do petista.

Pinheiro diz que foi o ex-tesoureiro do PT, João Vaccari Neto, que o procurou para adquirir o empreendimento dentro do condomínio Solaris, que era da cooperativa Bancoop.

Em depoimento à Lava Jato e diante do advogado de Lula, Cristiano Zanin Martins, o ex-presidente da OAS, Léo Pinheiro, disse que:

> "O apartamento era do presidente Lula. Desde o dia que me passaram para estudar os empreendimentos da Bancoop já foi me dito que era do presidente Lula e sua família e que eu não comercializasse e tratasse aquilo como propriedade do presidente".[64]

Segundo a mesma delação, em janeiro de 2014 o ex-presidente teria solicitado uma visita ao apartamento para definir que reformas deveriam ser realizadas. Nessa visita teria sido acertada a construção de um novo quarto no apartamento, a pedido de Marisa Letícia, além de reformas na cobertura do tríplex, para dar "mais privacidade à família". Uma última visita foi

---

64 Disponível em: <http://politica.estadao.com.br/blogs/fausto-macedo/o-apartamento-era-do-presidente-lula-diz-leo-pinheiro/>. Acesso em: 15 set. 2017

feita ao apartamento envolvendo dona Marisa e o filho do ex-presidente, Fábio, em agosto de 2014.

Na ocasião existia a solicitação da família para passar as festas de fim de ano no apartamento. Como Léo Pinheiro foi preso em novembro, ele diz não saber detalhes posteriores. Existia também um contrato de armazenamento entre a OAS e a transportadora Granero, que serviu, na verdade, para guardar bens do ex-presidente a pedido de Paulo Okamotto, o presidente do Instituto Lula.

Pinheiro afirma categoricamente que usou dinheiro que seria desembolsado como propina para custear a reforma do apartamento e que Lula sabia disso, mas não seriam valores provenientes da Petrobras.

As contas da OAS girariam em torno de R$ 15 milhões, segundo o empreiteiro. Léo Pinheiro afirmou que abriu dois centros de custos para lançar despesas com o apartamento no Guarujá e também com a reforma de um sítio em Atibaia, frequentado pela família de Lula. Os nomes dos centros de custos eram Zeca Pagodinho Sítio e Zeca Pagodinho Praia. "Zeca Pagodinho se refere a um apelido que se tinha do presidente [ex-presidente Lula], de Brahma, né? Zeca Pagodinho fazia propaganda da Brahma", afirmou Pinheiro em depoimento. Lula falou das contas em tom de deboche ao prestar esclarecimentos em Curitiba. O apelido Brahma[65] pegou entre os jornalistas que denunciaram esses crimes.

O ex-presidente da OAS disse que a empresa pagou os projetos de cozinha de ambas as propriedades, conforme conversas com a "dama" e a "madame". Esses eram codinomes que ele disse se referirem à ex-primeira-dama Marisa Letícia. O delator ainda completou, no depoimento, que houve um encontro no apartamento de Lula, em São Bernardo do Campo, em que foram aprovados os projetos de cozinha. Marisa Letícia e Paulo Gordilho, executivo da OAS, também participaram da reunião.

O cerco ao poderoso chefão do Petrolão estava fechado. Vamos fazer uma pausa nos crimes de Lula, porque agora é o momento de voltar a falar sobre Dilma Rousseff.

---

65 Homenagem à cerveja, não ao deus da religião hindu. Favor não confundir.

9.

EIKE BATISTA, JOÃO SANTANA, MÔNICA MOURA E O MARKETING DE DILMA

A FARSA QUE FOI EIKE BATISTA E SEU IMPÉRIO IMAGINÁRIO MONTADO NA ERA LULA. E COMO A DUPLA DE PUBLICITÁRIOS LEVOU DILMA A VENCER DUAS ELEIÇÕES COM MUITA MENTIRA E DINHEIRO SUJO.

Eike Fuhrken Batista da Silva tem sessenta anos e é o símbolo da ascensão e decadência catastróficas do Rio de Janeiro. O império fraudulento e imaginário de Eike foi construído com as bênçãos do ex-governador Sérgio Cabral e da prefeitura de Eduardo Paes, todos apadrinhados de Lula e Dilma.

O mesmo Rio que abrigou a Copa do Mundo de 2014 e as Olimpíadas de 2016, eventos esportivos que eram motivo de orgulho para Lula, além da descoberta de petróleo no pré-sal brasileiro. Tudo isso virou roubalheira pura. E Eike, que prometia criar a "Petrobras privada" com a EBX, OGX e suas empresas, acabou torrando o equivalente a US$ 36 bilhões em especulações no mercado financeiro. Chegou a ser o sétimo homem mais rico do mundo, segundo a revista norte-americana *Forbes*.[66] Depois ele sucumbiu e hoje é um devedor de bilhões. Eike agiu dentro da área privada como Lula agiu dentro da área pública. São farinha do mesmo saco e têm o mesmo DNA, aquele que estrangulou o Brasil. Ele foi preso pela Operação Lava Jato e hoje cumpre pena em casa, como veremos adiante.

A formação do executivo mostra que ele sempre foi mais propaganda do que substância.

O homem do petróleo privado começou uma graduação em Engenharia na Aachen University, na Alemanha, mas abandonou o curso em 1980. Criou empreendimentos com ouro na Floresta Amazônica, entrando em minas de ouro. Criou empresas com nomes peculiares: MMX, OGX, LLX, MPX, MDX Medical Center, Real State, Hotel Glória, Mr. Lam e Porto de Peruíbe, além da *holding* EBX.

A maioria delas possui a letra "x" porque, segundo Eike, esse é o símbolo da multiplicação.

Virou, de 2012 em diante, sinônimo de divisão. De destruição. Virou um nada.

Em novembro daquele ano, Eike perdeu o título de pessoa mais rica do Brasil, segundo a *Forbes*, para Jorge Paulo Lemann, investidor da Anheuser-Busch InBev. No dia 7 de dezembro, esteve no terceiro lugar, atrás

---

66 O derretimento da fortuna de Eike é retratado no livro *Ascensão e queda do Império X*, do jornalista Sergio Leo (*Valor Econômico*), de 2014.

de Lemann e de Dirce Camargo, herdeira do setor de construção civil.

Os problemas do executivo x com as autoridades começou dez anos antes de ele ser afetado de fato pela Operação Lava Jato. Em 2008, Eike Batista foi alvo de investigação de uma operação da Polícia Federal que recebeu o nome Toque de Midas. Segundo a PF, Eike foi "mentor intelectual" de fraude em licitação. *Trader* do mercado financeiro, assim como foi Eduardo Cunha, Eike acumulou problemas jurídicos também nesse setor. No dia 13 de setembro de 2014, o Ministério Público Federal o denunciou pelos crimes de manipulação de mercado e uso indevido de informação privilegiada – o famoso *insider trading*.[67] Em março de 2015, o empresário foi condenado em quatro processos pela Comissão de Valores Mobiliários (CVM), envolvendo MPX, LLX, CCX e OGX, e terá de pagar um total de R$ 1,4 milhão em multas.

Outro crime similar: em 13 de junho de 2017, Eike Batista foi multado pela CVM em R$ 21 milhões em uma decisão do colegiado da autarquia por uso de *insider trading*. Cabe recurso à decisão, mas fica evidente como ele colecionou casos na Bovespa e nas suas ações envolvendo especulação financeira.

---

67 O crime de *insider* é a informação privilegiada *per se*.

A mesma especulação que o transformou no homem mais rico segundo a revista *Forbes*, com uma fortuna de US$ 36 bilhões.

E enfim ocorreu o encontro entre Petrobras e Eike: no dia 23 setembro de 2015 a OSX, do grupo EBX, foi citada pelo delator Eduardo Vaz como envolvida no escândalo investigado pela Operação Lava Jato. No dia 26 de janeiro de 2017, Eike teve a prisão preventiva decretada pelo juiz Marcelo Bretas, da 7ª Vara Federal Criminal do Rio de Janeiro, no âmbito da Lava Jato, sob acusação de ter pago propina de US$ 16,5 milhões para o ex-governador do Rio de Janeiro, Sérgio Cabral. De acordo com a Polícia Federal e o Ministério Público Federal, Eike teria pago a propina em 2010.

Um dia após ter sua prisão preventiva decretada, foi considerado foragido porque estava em Nova York, nos Estados Unidos. Ele estava numa Trump Tower, hospedado na rede de hotéis do novo presidente norte-americano, Donald Trump.

Entregou-se três dias depois e foi preso pela Polícia Federal ao chegar ao aeroporto internacional do Rio, no Galeão. Após triagem no Presídio Ary Franco, foi transferido para uma unidade do Complexo Penitenciário de Gericinó (Bangu 9). Em 10 de fevereiro de 2017 foi denunciado pelo MPF, tornando-se réu pelos crimes de corrupção e lavagem de dinheiro no mesmo dia. Na data de 28 de abril do mesmo ano, o ministro Gilmar Mendes, do Supremo Tribunal Federal, concedeu *habeas corpus* ao empresário, que foi solto. Eike Batista passou a cumprir prisão domiciliar no dia seguinte, incluindo medidas cautelares como a vistoria da Polícia Federal.

A sentença foi aplicada em sua casa, sem aviso prévio, com o consequente afastamento das empresas e entrega do passaporte. No total, foram nove determinações jurídicas diferentes.

Acostumado a carros importados como Lamborghini e Mercedes na garagem, Eike viu sua fortuna derreter e tornou-se um endividado. As ações de suas empresas, que chegaram a valer R$ 23,27, caíram para alguns centavos. O megaempresário foi visto comendo um lanche no Burger King e pagando em dinheiro, para evitar mais problemas com dívidas. O império de papel de Eike Batista tinha ruído.

"Eike é o nosso padrão [de empresário]", disse a ex-presidente Dilma Rousseff em 2012. Ela afirmou que o executivo era motivo de orgulho nacional numa reunião em São João da Barra, durante um evento de parceria entre a Petrobras e a OGX. Ele foi um orgulho para os padrões petistas, sem dúvida.

Em julho de 2017, o empresário passou a preparar uma delação premiada para diminuir suas penas na

Lava Jato,[68] acertando o ex-presidente Lula, o ex-ministro Guido Mantega e o ex-governador Sérgio Cabral. Ainda não delatou.

Eike Batista foi parte da publicidade do governo Dilma Rousseff.

E é sobre ela que vamos falar agora.

O MAGO DA MÚSICA, DA PUBLICIDADE E DO MARKETING

Dizem que marqueteiros profissionais da área política são típicos picaretas. A definição se aplica com perfeição à dupla que praticamente moldou Dilma na política.

Os dois transformaram a ex-ministra da Casa Civil e de Minas e Energia na candidata "gerentona" do PT. Começava a Era Dilma, a pior presidente da história do Brasil. Foi a mais incompetente e a responsável por jogar nosso país num buraco de recessão sem precedentes.

Dilma roubou o futuro da nação. Roubou os sonhos de milhões de brasileiros, levou 14 milhões de pessoas às ruas do desemprego. Afundou o Brasil em dívidas. Pedalou. Enfim, seguiu com os planos de seu

---

68 A informação consta no jornal O Globo, em reportagem de Juliana Castro, do dia 14 de julho de 2017. Disponível em: <https://oglobo.globo.com/brasil/eike-batista-prepara-anexos-para-delacao-premiada-21592831>. Acesso em: 13 set. 2017.

mentor: Luiz Inácio Lula da Silva. João Santana teve participação direta no estelionato eleitoral que foram as campanhas da petista.

João Cerqueira de Santana Filho tem 64 anos e, ironicamente, nasceu numa cidade chamada Tucano, na Bahia. Se o PT tem uma alma na comunicação, ela certamente foi construída com a série de mentiras, discursos falaciosos ensaiados meticulosamente em filmes hollywoodianos, com tudo pago por milhões e milhões que encheram os bolsos do publicitário e marqueteiro. A maior parte da bolada era dinheiro de propina.

João Santana ajudou a construir a ideia do petismo de coalizão que fez a esquerda se manter no poder com um projeto criminoso. A ideia do bando era manter os esquerdistas no poder trocando apenas os personagens políticos, mas mantendo a ideologia de permanecer no comando a qualquer custo e roubar o patrimônio público para reforçar o partido e seus aliados. Simples assim.

Coube a João Santana criar a linguagem moderna do partido para fazer Lula chegar até a presidência da República pela segunda vez, em 2006. E o mais complexo foi conseguir transformar Dilma numa candidata minimamente palatável para apresentar ao eleitor. Uma missão quase impossível.

Mas lembre-se que o marqueteiro e seus clientes não tinham necessariamente um código de ética. Então ele fez o diabo para ganhar as eleições... e ganhou.

O publicitário se tornou o que posso chamar de mago[69] – um especialista em usar as verbas milionárias derivadas de propina para os chefes continuarem no controle do dinheiro. Nasceu no dia 5 de janeiro de 1953 e foi músico e jornalista antes de entrar na propaganda política.

Formou-se em Jornalismo em Salvador, na Universidade Federal da Bahia, e lá conheceu Mônica Moura, uma baiana de Feira de Santana. Antes de entrar em redações, tornou-se letrista do grupo Bendegó. Santana era do tropicalismo de Caetano Veloso, Gilberto Gil e Os Mutantes. O pré-marqueteiro de Lula e Dilma misturava rock com forró e xote, seguindo na brasilidade. No seu começo cultural, João Santana assinava as composições com o nome "Patinhas", apelido de quando foi tesoureiro de centro acadêmico.

Na época ele foi o parceiro de Gereba, fundador do Bendegó, e fez seis discos do grupo. Patinhas fez sucesso juvenil, mas resolveu sair do meio musical para entrar no *Jornal da Bahia*. E não saiu da imprensa. Pas-

---

69 Eu, Joice, e outros jornalistas afirmamos o mesmo. Especialmente considerando o trabalho dele com Dilma.

sou pelo *O Globo*, pela *Veja*, pelo *Jornal do Brasil* e finalmente pela *IstoÉ*, faturando prêmios no processo.

Dentro da revista chefiada por Mino Carta, João Santana entrevistou o motorista Eriberto França na reportagem que ajudou a derrubar o presidente Fernando Collor. A reportagem fez tanto efeito quanto o material do jornalista Luís Costa Pinto, que entrevistou Pedro Collor na revista *Veja* falando sobre o esquema de PC Farias. Isso, somado ao Fiat Elba relatado por Eriberto, botou o presidente em apuros.

O trabalho bem-feito por Santana sob tutela de Mino, aquele que se tornou o esquerdista apoiador de Lula, contribuiu para que ele levasse um Prêmio Esso. O futuro publicitário era muito erudito e conhecedor da cultura popular. Isso o colocaria em destaque após ter um primeiro contato com o mundo político pelo jornalismo. João Santana pode não ter um pingo de caráter ou ética, mas é extremamente competente. Tal competência foi vendida a preço de ouro ao PT.

Começou trabalhando com Celso Pitta, o sucessor de Maluf na prefeitura paulistana,[70] e com Antonio Palocci em Ribeirão Preto. Mas Santana cresceria mesmo nas eleições presidenciais.

---

70 "Se o Pitta não for um bom prefeito, nunca mais vote em mim", diria Maluf sobre o seu escolhido na época, entre 1997 e 2001.

Duda Mendonça colocou Luiz Inácio Lula da Silva na rampa do Planalto com a criação do "Lulinha Paz e Amor" e sofreu com o processo do Mensalão, perdendo destaque na cena após eleger Paulo Maluf. À beira do abismo, o PT precisava de reforço.

Foi João Santana Filho quem reelegeu Lula no auge do maior escândalo de corrupção até então. Ele descolou a imagem de Lula da de Dirceu e Genoino e vendeu seu governo como uma continuidade do crescimento já arquitetado por Antonio Palocci, outro gênio do crime.

Como a artilharia do Mensalão atingiu o cérebro maior do PT, o guerrilheiro José Dirceu – até então, o sucessor de Lula –, era necessário um plano B. É aí que entra a desconhecida Dilma Rousseff.

Santana vendeu a imagem da gestora, da "governanta" – que tinha mais de anta do que de governo.[71]

Mônica Moura tornou-se sócia do marido. E amiga de Dilma Rousseff. As duas andavam pelos jardins do Palácio da Alvorada, discutindo sobre a campanha que a botou no poder.

E a dupla de publicitários/marqueteiros faturou milhões.

Também lançando e elegendo políticos fora do Brasil.

---

71 Desculpem. É só uma piadinha.

PROJETOS PARA AMÉRICA LATINA E ÁFRICA
E A PRISÃO

O dinheiro da família Santana passeou pelo Caribe, por países que ficam em arquipélagos e por continentes. A dupla elegeu presidentes em Angola, República Dominicana e Venezuela. Ou seja, de ditaduras eles entendem.

Eles botaram lá Hugo Chávez, o militar que ficou no poder venezuelano de 1999 até 2013. Ficou no poder até morrer, supostamente se reelegendo em eleições "populares". Protegido pela estatização de empresas e pelo petróleo que lhe rendeu lucros astronômicos antes da crise dos preços, Chávez criou um populismo de esquerda que o transformou num produto político. Ele queria passar a imagem de que tinha um bom custo/benefício.

O problema é que ele gerou um ditador ainda mais cruel, chamado Nicolás Maduro, que assumiu logo depois de sua morte. Santana também trabalhou na campanha do homem que era militante dos movimentos de motoristas de ônibus e metrô e jogou a Venezuela na fome e na desgraça, com um novo presidente que de fato atira contra a oposição na rua. Um assassino de pessoas e de liberdades, coisas típicas da esquerda.

A família Santana, portanto, sujou as suas mãos nessa história.

A trágica história de governos ineficientes de países subdesenvolvidos, assim como aconteceu no Brasil, embora o PT tentasse disfarçar e vender algo que não existia.

No dia 22 de fevereiro de 2016, durante a 23ª fase da Operação Lava Jato, batizada de Operação Acarajé, a Justiça Federal expediu um mandado de prisão contra o publicitário mirando a sua relação com o esquema de corrupção instalado na Petrobras. A PF identificou pelo menos US$ 7 milhões enviados ao exterior diretamente ligados a João Santana e Mônica Moura, sua esposa e confidente de Dilma Rousseff. Ele não foi detido imediatamente por estar no exterior.

No dia seguinte, João Santana desembarcou no Aeroporto de Cumbica, em Guarulhos, região metropolitana de São Paulo, após ter a prisão decretada pela Justiça. O casal de publicitários teve o mandado de prisão solicitado pela Superintendência da Polícia Federal em Curitiba, onde chegaram ainda pela manhã.

Em 3 de março de 2016 surgiram novos documentos obtidos pela Polícia Federal incriminando ainda mais o casal Santana. Eles mostram que o marqueteiro recebeu da Odebrecht no Brasil cerca de R$ 21,5 milhões após a candidatura vitoriosa de Dilma Rousseff em 2014. As planilhas foram anexadas e utilizadas pela PF para justificar o pedido de conversão da prisão temporária para a preventiva, sem prazo para a soltura. O caso se ampliou e piorou a situação do casal atrás das grades.

Os dados colocavam abaixo a tese inicial de que João Santana e sua mulher receberam apenas dinheiro no exterior, para campanhas fora do país, como foi o caso da Venezuela.

O casal então decidiu fazer delação premiada. A dupla entrou para a História como os novos delatores da Lava Jato, dessa vez explicando como realmente funcionavam as campanhas no Partido dos Trabalhadores. No mês de abril de 2017, o ministro do STF e relator da Operação Lava Jato Edson Fachin homologou a delação premiada de João Santana no âmbito da operação. Também foram homologadas as delações de sua esposa e de seu funcionário André Luis Reis Santana. A colaboração foi proposta pelos advogados de João Santana e Mônica Moura e aceita pelo Ministério Público Federal, conforme os trâmites convencionais. O caso foi remetido ao STF por envolver autoridades com o chamado foro privilegiado, como ministros e parlamentares no exercício de seus cargos.

Os marqueteiros falaram das atividades de publicidade e do mundo criminoso nas campanhas de Luiz Inácio Lula da Silva em 2006 e de Dilma Rousseff em 2014. João Santana admitiu a existência de dinheiro não contabilizado em julho de 2016, ao falar sobre o esquema investigado pela força-tarefa do Ministério Público Federal na Lava Jato. Num dos seus depoimentos de colaboração premiada, Santana afirmou aos procuradores que disponibilizou uma conta pessoal na Suíça para integrantes da cúpula do PT receberem dinheiro não declarado desviado da Petrobras. Caixa dois? Não! Era propina transvestida em caixa dois. Dois crimes em um. A conta era monitorada tanto por ele quanto por Mônica.

Em 1º de agosto de 2016 João Santana teve o pedido de liberdade provisória concedido pelo juiz federal Sérgio Moro, mediante pagamento de fiança de R$ 2,7 milhões. Saiu de trás das grades sob a condição de não deixar o país, devendo entregar em juízo todos os seus passaportes, brasileiro e estrangeiros, e de não manter contato com outros investigados na Operação Lava Jato ou destinatários de seus serviços eleitorais.

O maior casal marqueteiro da história da corrupção também ficou proibido de atuar, direta ou indiretamente, em qualquer campanha eleitoral no Brasil até nova deliberação da Justiça.

Eis que o mês de maio de 2017 se tornou histórico quando Edson Fachin retirou o sigilo dos depoimentos de João Santana e Mônica Moura. Em um dos depoimentos, o publicitário afirmou à Procuradoria-Geral da República que o ex-presidente Luiz Inácio Lula da

Silva tinha conhecimento dos pagamentos "por fora" feitos à empresa dele no exterior.

Em 2 de fevereiro de 2017, João Santana foi condenado a oito anos e quatro meses de prisão pelo crime de lavagem de dinheiro. Sua esposa, Mônica Moura, também foi condenada e recebeu a mesma pena. Na decisão, o magistrado Moro ainda citou que os marqueteiros confessaram em juízo as transferências e o contato com Zwi Skornicki, engenheiro e lobista preso na Lava Jato, e João Vaccari, além de medidas para ocultação e dissimulação das transferências, como a utilização de conta *offshore* e a simulação de contrato de prestação de serviços para conferir aparência lícita às transferências.

CONFIDÊNCIAS COM DILMA ANTES DE SEREM PRESOS

Nas gravações, Mônica Moura disse que falava com a então presidente da República em jardins na capital brasileira para evitar grampos e outras formas de interceptação judicial. E ela confessou que sabia o momento em que seria presa. O exato momento.

De uma maneira até mais satisfatória que a do marido, a marqueteira entregou ao Ministério Público Federal a reprodução de uma mensagem trocada por e-mail com a ex-presidente Dilma Rousseff.[72] Segundo ela, a conta de e-mail foi criada para que a governante pudesse avisar com antecedência sobre avanços da Operação Lava Jato. Mônica afirma que tanto ela quanto Dilma tinham acesso à conta.

A mensagem, que foi registrada em cartório pela empresária, diz o seguinte: "Vamos visitar nosso amigo querido amanhã. Espero não ter nenhum espetáculo nos esperando. Acho que pode nos ajudar nisso, né?".

Mônica explicou no depoimento que enviou essa mensagem a Dilma para avisar que foi escrita por ela quando estava deixando a República Dominicana para se entregar à Polícia Federal no Brasil.

A conta, segundo a delatora, foi criada durante um encontro entre as duas no Palácio da Alvorada. Além das duas, Mônica Moura diz que também estava presente na sala o então assessor especial da presidente, Giles Azevedo. O encontro foi um chamado da presidente. Diante da convocação, a marqueteira, que estava de férias, fez um voo bate-volta dos Estados Unidos ao Brasil para se reunir com a petista na residência oficial da Presidência.

---

72 A reportagem da TV Globo sobre o assunto, do dia 12 de maio, ainda pode ser acessada no seguinte link: <http://g1.globo.com/politica/operacao-lava-jato/noticia/monica-moura-entrega-reproducao-de-mensagem-trocada-com-dilma-em-e-mail-ficticio.ghtml>. Acesso em: 13 set. 2017.

Mônica Moura conta na delação premiada que Dilma estava preocupada com os avanços da Lava Jato, principalmente após os investigadores terem descoberto contas no exterior do então presidente da Câmara, o deputado cassado Eduardo Cunha. O braço financeiro do PMDB estava exposto pela operação, atingindo o PT no processo junto com o caso de João Vaccari.

A publicitária afirmou que a presidente petista também estava preocupada com a possibilidade de as investigações da Lava Jato chegarem às contas dos dois marqueteiros no exterior, o que a colocaria em risco, bem como a seu governo bolivariano. A marqueteira disse que a ex-presidente sabia que a Odebrecht tinha feito pagamentos da campanha presidencial do PT por meio de "depósitos de propinas na conta do casal".

A marqueteira disse que a presidente era atualizada sobre a Lava Jato pelo então ministro da Justiça, José Eduardo Cardozo. Mônica Moura afirma que as mensagens de e-mail que as duas trocavam não eram enviadas. Para se comunicar, contou Mônica, elas combinaram de redigir as mensagens no rascunho, para que não circulassem.

"Eu mandava a resposta e ela apagava também. Esse era o trato. Era pra estar no rascunho, não mandar e apagar assim que lesse. Assim que era seguro, entendeu?", relatou Mônica no depoimento, falando das informações que circulavam por intermédio de Cardozão, o homem que defendeu Dilma no impeachment e que jura de pé junto que foi golpe.

Nas mensagens, o linguajar era cifrado, para que apenas as duas entendessem o contexto. O endereço do e-mail era 2606iolanda@gmail.com, em homenagem a "Iolanda", esposa do general Costa e Silva.

Ela afirma que se referia ao marido como "amigo" e que, em algumas oportunidades, enviou mensagens a Dilma para saber a situação da investigação. "Às vezes eu mandava e-mail perguntando: Tem alguma novidade? Eu falava tipo assim: 'nosso amigo está doente? Como que está ele? Tem alguma novidade sobre ele?'. Que era a dica pra ela me dar, se alguma coisa avançou. A essa altura, nós começamos a aparecer bastante no jornal, eu e o João, começava a pipocar coisa", relatou.

Mônica então disse que, no dia 19 de fevereiro de 2016, recebeu uma mensagem "preocupante" de Dilma, que, segundo a marqueteira, era um aviso de que a situação do casal estava "complicada". A mensagem dizia:

> "O seu grande amigo está muito doente. Os médicos consideram que o risco é máximo, 10. E o pior é que a esposa, que sempre tratou dele, agora está com câncer e com o mesmo risco. Os médicos acompanham os dois, dia e noite."

Segundo ela, o "médico" era José Eduardo Cardozo, que teria atualizado a presidente sobre a situação dos empresários.

"Eu recebi essa notícia, aí eu desesperei", complementa a delatora.

A assessoria de Dilma Rousseff, claro, diz que as afirmações das delações do casal são "mentirosas". O que mais ela poderia fazer? É isso ou a confissão. E Dilma jamais confessaria.

> "É fantasiosa a versão de que a presidenta eleita informava aos delatores sobre o andamento da Lava Jato. Essa tese não tem a menor plausibilidade. Dilma Rousseff jamais recebeu de quem quer que seja dados sigilosos sobre investigações. Todas as informações prestadas pelo Ministério da Justiça ocorreram na forma da lei. Tal suspeita é infundada e leviana."

Com as delações premiadas de Paulo Roberto Costa, Nestor Cerveró, Delcídio do Amaral, Renato Duque, Léo Pinheiro e, por fim, de Mônica Moura e João Santana, o destino tragicômico do PT parecia plenamente encaminhado na Lava Jato. O trabalho dos delatores de relembrar o caminho do dinheiro sujo que abasteceu a política nacional foi bem-sucedido graças ao esforço conjunto do Ministério Público, da Polícia Federal e de um corajoso juiz de primeira instância, o juiz do caso Banestado, o juiz da Lava Jato: Sérgio Fernando Moro.

A história acaba aí?

Não, não acabou. Vamos em frente.

10.

JOESLEY BATISTA, JBS E A IMPLOSÃO DO PMDB (E DO PSDB)

A DELAÇÃO ULTRAPREMIADA DO DONO DA MAIOR PRODUTORA DE PROTEÍNA ANIMAL DO MUNDO. AS INFORMAÇÕES SELETIVAS QUE ATINGIRAM EM CHEIO O CORAÇÃO DO GOVERNO MICHEL TEMER. E AS LAMBANÇAS DE JANOT.

Frequentemente eu e outros jornalistas sérios somos chamados de "golpistas" pela companheirada do PT, por apontar os esquemas criminosos dos políticos de estimação deles. Mas surgiu uma delação premiada que foi nitroglicerina pura em 2017 e botou todo o ambiente político em chamas. O governo-tampão de Michel Temer, que começou no ano anterior com a promessa de recuperar a economia, foi atingido em cheio por uma delação explosiva feita por uma quadrilha de corruptores que escancararam a política real do Brasil.

Liderados por Joesley Batista, os executivos da JBS confessaram crimes, entregaram figuras importantes do poder, afirmaram que distribuíram propina a 1.829 políticos de 28 partidos e gravaram conversas indecorosas. O estopim da implosão foi a conversa gravada por Joesley com o presidente Temer. Falaremos mais sobre isso adiante.

Para entender o que aconteceu, precisamos sair um pouco da Petrobras e das delações que atingiram o Partido dos Trabalhadores. A resposta está na carne e na comida que comemos todos os dias neste país.

A CARNE É FRACA E O CRIME É GIGANTESCO

A Operação Carne Fraca da Polícia Federal foi deflagrada em 17 de março de 2017 e trouxe resultados controversos. Mesmo debaixo de críticas, a PF apurou que comida estragada ou adulterada era vendida por empresas como JBS e a Brasil Foods (BRF). Essas empresas são doadoras de partidos como PT e PMDB e os efeitos da apreensão de algumas carnes provocaram uma perda na escala de pelo menos US$ 40 milhões, além das suspeitas de ligações com os esquemas investigados na Lava Jato.

Três frigoríficos foram fechados, mas até trinta companhias foram afetadas, a ponto de o ministro da Agricultura Blairo Maggi agir para tentar salvar a reputação do setor com declarações focadas no exterior. O objetivo era retomar exportações para Estados Unidos, Europa e China. Na época rolou um zum zum zum de bastidores de que Eduardo Cunha estava por trás da operação da PF direto da prisão, o que evidenciava os conflitos internos do PMDB com Temer no poder.

COMEÇO DO ESCÂNDALO JBS/TEMER

O jornal *O Globo* publicou, no dia 17 de maio, na coluna de Lauro Jardim (com reportagem de Guilherme Amado), uma denúncia com requintes de filme policial que cairia como uma bomba em cima de Michel Temer, Eduardo Cunha, políticos do PMDB, e Aécio Neves juntos, unidos num só escândalo. A informação foi divulgada em conjunto com o *Jornal Nacional* na TV Globo.[73] Durante 25 horas a imprensa orbitou em torno de uma informação que afirmava categoricamente algo que não era verdadeiro: que Temer mandou comprar o silêncio de Eduardo Cunha.

As reportagens sustentavam que a gravação era clara como água cristalina. Não era bem assim.

O que aparece lá? Algo realmente cabeludo.

Uma conversa indecorosa entre Joesley e o presidente, mas num tom muito diferente do vendido pelo

---

73 A reportagem histórica pode ser acessada no seguinte link: <https://oglobo.globo.com/brasil/dono-da-jbs-grava-temer-dando-aval-para-compra-de-silencio-de-cunha-21353935?loginPiano=true>. Acesso em: 13 set. 2017.

jornal *O Globo* e pela Rede Globo de Televisão. Mas o estrago já estava feito, parte dos aliados defendia a renúncia de Temer. O Brasil mergulhava numa nova crise política.

Vamos ao início da história.

Joesley e seu irmão Wesley Batista entraram apressados no Supremo Tribunal Federal (STF) e seguiram direto para o gabinete do ministro Edson Fachin na tarde de 10 de maio. A dupla é dona da JBS, a maior produtora de proteína animal do planeta e que está envolvida na Operação Carne Fraca. Dos dois, Joesley é presidente da *holding* J&F, que tem diversas empresas fora do setor de carnes. A Alpargatas, dona do chinelo Havaianas, estava no grupo de empresas deles. Com as denúncias, ela foi vendida por R$ 3,5 bilhões para a Itaúsa, *holding* de investimentos do banco Itaú.[74]

Na ocasião, os irmãos Batista estavam acompanhados de mais cinco pessoas, todas do frigorífico JBS. Eles deixaram nas mãos de Fachin uma delação premiada para ser homologada de forma espontânea e pareciam ter muita pressa. Num dos grampos anexos, o presidente Michel Temer participa de um diálogo embaraçoso com o dono da JBS. Na presença de Joesley, Temer

---

74 A informação consta em reportagem do *Estadão*, de 12 de junho de 2017. Disponível em: <http://economia.estadao.com.br/noticias/negocios,jef-fecha-venda-da-alpargatas-por-r-3-5-bilhoes,70001887745>. Acesso em: 13 set. 2017.

indicou o deputado Rodrigo Rocha Loures (PMDB) para resolver um assunto da J&F, *holding* que controla a JBS. Rocha foi filmado recebendo uma mala com R$ 500 mil enviados pelo dono do frigorífico.

A versão vendida primeiro pela Globo e depois pela imprensa em geral durante um dia e uma noite inteiros era de que o presidente da República havia com todas as letras dado aval para que Joesley Batista comprasse o silêncio de Eduardo Cunha. O objetivo seria evitar a delação do correligionário.

Tudo estaria na gravação que ninguém tinha ouvido ainda, nem mesmo os advogados de Temer. O país entrava numa convulsão política. A base aliada se desfazia. O PSDB ameaçava deixar o governo. Não se falava em outra coisa. O tema estava em todas as manchetes dos jornais e foi longamente explorado pela mídia.

Mais de 25 horas depois, o sigilo dos áudios foi retirado.

A divulgação foi um banho de água fria para quem esperava ouvir o presidente da República negociando a compra do silêncio do ex-presidente da Câmara e desafeto político de Temer, apesar de ambos serem companheiros de partido.

Na conversa, Joesley pergunta como está a relação de Temer com Cunha e diz que "zerou" pendências com o perigoso ex-presidente da Câmara. O empresário/bandido disse que estaria de "bem com o Eduardo". Temer respondeu com: "Tem que manter isso, viu?".

Outros trechos estão inaudíveis. Podia ser tudo, podia ser nada.

Leia o diálogo na íntegra.

> **Batista:** O negócio dos vazamentos, o telefone lá do Eduardo com o Geddel, volta e meia citava alguma coisa meio tangenciando a nós, a não sei o quê. Eu tô lá me defendendo. O que que eu mais ou menos dei conta de fazer até agora: eu tô de bem com o Eduardo, ok.
>
> **Temer:** Tem que manter isso, viu?
>
> **Batista:** Todo mês...

Os delatores da JBS, boa parte da imprensa, seguindo o rastro da Globo, do procurador-geral da República e de outras figuras deram a ideia acabada de que Temer, na frase "tem que manter isso", deu aval para pagamento de propina para Cunha. Depois da divulgação dos áudios, muitas versões apareceram e nada era conclusivo, como a Rede Globo vendeu em todos os seus veículos.

Mas o estrago estava feito e Temer tinha muito a explicar. Até porque a conversa com Joesley no Palácio do Jaburu, na calada da noite, era pelo menos indecorosa. Ele ouviu o empresário confessar crimes e nada fez. Outras informações dos delatores bandidos atingiram o PMDB em cheio. Mas, enquanto o foco era o diálogo gravado com o presidente, os prêmios conseguidos de forma ilegal por Joesley Batista e Ricardo Saud das mãos de Janot ficaram em segundo plano. Os delatores da JBS, inclusive o chefe da quadrilha, tinham imunidade total e riam da cara do povo e da Justiça. Cerca de três meses depois a sorte do bando da JBS e seus ajudantes dentro da PGR mudaria. Falaremos disso adiante. Vamos nos manter agora na primeira versão do escândalo.

Joesley contou que teria feito pagamentos de R$ 5 milhões para Eduardo Cunha após sua prisão. O valor seria referente a um saldo de propina que o peemedebista tinha com ele. Disse ainda que devia R$ 20 milhões pela tramitação de lei sobre a desoneração tributária dentro do setor de frango. A credibilidade que restava ao núcleo duro do PMDB e de um governo que ainda engatinhava foi por água abaixo.

A oposição salivava com um prato cheio nas mãos e cobrava o impeachment de Michel Temer, assim como ocorreu com Dilma Rousseff.

Mas a denúncia não atingiu somente Temer, Aécio e o PMDB e, além do núcleo duro do PMDB, o ninho dos tucanos também foi atingido pela denúncia. Aécio Neves é alvo de duas gravações, uma de forma direta e outra indireta. Na primeira conversa, gravada pelo próprio Joesley, Aécio aparece pedindo R$ 2 milhões para o açougueiro milionário. O dinheiro seria destinado para pagar advogados que o defendem na Lava Jato. O escolhido para receber o dinheiro foi Frederico Pacheco de Medeiros, seu primo. Fred, como é conhecido, foi filmado uma semana depois pelo diretor da JBS, Ricardo Saud, no momento em que recebia R$ 500 mil. Era supostamente a primeira parcela da propina combinada. No mesmo encontro, Saud e Fred combinaram que os outros R$ 1,5 milhão seriam entregues no mesmo local nos dias seguintes.

Fred, homem de confiança de Aécio, foi preso logo depois. Outra versão vendida inicialmente nas reportagens, e depois contestada, é de que todas as malas foram chipadas e rastreadas pela Polícia Federal numa megaoperação de espionagem.

Também disseram que as gravações todas, incluindo a de Joesley, foram realizadas com auxílio de equipes da PF, com equipamentos ultramodernos.

Nada disso aconteceu.

Joesley fez as gravações e usou um gravador vagabundo que pode ser comprado por pouco mais de R$ 50 na internet.

A propina, na versão do Ministério Público, também foi entregue a um assessor do senador Zezé Perrella e, segundo investigações, foi depositada na conta de uma empresa do parlamentar, que é amigo de Aécio Neves.

Todos negam.

Perrella foi centro de outro escândalo, batizado de "Helicoca", que ganhou holofotes nas eleições de 2014. No final de 2013, um helicóptero que pertencia à família do senador mineiro foi apreendido no Espírito Santo com quase meia tonelada de pasta-base de cocaína. Apesar do flagrante, o senador não foi indiciado.

Um relatório da Polícia Federal trouxe indícios de que a responsabilidade seria do piloto, aliciado por um grupo de traficantes.

O helicóptero foi devolvido e ficou por isso mesmo.

Outra baixa importante e que chamuscou Aécio foi a prisão de Andrea Neves. A irmã de Aécio sempre foi conhecida nos bastidores como o "cérebro" do político. Ela é acusada de ser operadora dos esquemas e de ter iniciado as tratativas de propina com Joesley.

Andrea foi do time de comunicação de Aécio desde o governo de Minas Gerais. Ela foi presa preventivamente na operação batizada de Patmos, 41ª fase da Lava Jato, junto com o primo. Um mês depois o STF converteu a prisão da irmã de Aécio e de Fred para prisão domiciliar. Também foi solicitado por Rodrigo Janot, o então procurador-geral da República, um pedido de prisão a Aécio Neves, mas o relator da Lava Jato no STF, Edson Fachin, negou-o.

Aécio chegou a ser afastado do cargo de presidente do partido, dando espaço para Tasso Jereissati, do grupo tucano do Ceará. O caso enterrou o futuro político do tucano e acabou com novas pretensões ao Palácio do Planalto. Aécio Neves chegou a ter uma disputa acirrada com Dilma, que venceu com 54 milhões de votos.

A CONTA MULTIMILIONÁRIA DE LULA E DILMA

No depoimento às autoridades, Joesley Batista delata que o ex-ministro da Fazenda Guido Mantega era contato do PT com a JBS. Ele negociou dinheiro de propina de Dilma e Lula que seria pago aos políticos petistas e seus aliados. Mantega também operava os interesses da JBS no BNDES.[75]

Diz o empresário:

> "Teve duas fases [o acúmulo de dinheiro para petistas]. Teve a fase do presidente Lula e teve a fase da presidente Dilma. Na fase do presidente Lula chegou a US$ 80 milhões. Depois, na Dilma, chegou

---

75 Roubalheira que precisa ser investigada para ontem. Espero um dia conseguir escrever sobre isso.

nuns US$ 70 milhões. Ou o contrário: 70 na do Lula e 80 na Dilma. Eu abri duas contas. Todas são contas minhas. Eram umas continhas que não tinha pra gente nada ali. Eu é que controlava. Uma eu já usava e depois eu abri outra, quando a presidente Dilma ganhou".

Joesley Batista entregava os chefes do PT. Aparentemente ele jogava na fogueira seus grandes parceiros de roubalheira. Mas, como tudo em sua delação é frágil, pouco depois, em depoimento, Joesley afirmou à PF que a conta bancária suíça dos petistas, equivalente a US$ 150 milhões, na verdade era dele, que a utilizava conforme os petistas pediam, fazendo saques e pagamentos em nome dele, que às vezes também usava para pagar suas próprias despesas pessoais e depois fazia a reposição da propina. E mais: que era somente daquela conta que ele transferia doações eleitorais para o PT, mas que tudo estava no nome dele. Resumindo: Joesley contou uma história citando Dilma e Lula que seria praticamente impossível de comprovar.

O que a princípio parecia ser o delator entregando de fato os parceiros que roubaram a nação para financiar o projeto criminoso de poder do PT na verdade era só um jabuti colocado na árvore, que, no final das contas, ainda ajudaria Dilma e Lula, que, obviamente, fariam o discurso de injustiçados, uma vez que a conversa de Joesley jamais poderia ser comprovada. Joesley sabia disso. Ele sempre protegeu o PT e continuava protegendo.

E logo o plano deu certo e apareceu alguém para defender os petistas entre as autoridades. Tratava-se do procurador da República Ivan Cláudio Marx, que mordeu a isca e afirmou que o empresário Joesley Batista, dono da JBS, não apresentou e não poderia apresentar comprovação de que os ex-presidentes Luiz Inácio Lula da Silva e Dilma Rousseff eram beneficiários ou sabiam de contas no exterior. Era o plano de Joesley e do PT dando certo. Nesse caso, Dilma e Lula poderiam escapar. Marx atua no Distrito Federal e sua declaração veio à tona no dia 10 de agosto de 2017.[76] Ele é conhecido por ser um procurador muito simpático com a turma de esquerda. A mim, Marx nunca enganou.

O QUE A JBS AFIRMOU SOBRE A LAVA JATO

Ao descrever todas as denúncias presentes neste livro, fui atrás do que cada delator afirmou para a Justi-

---

76 Ela consta no texto de Fausto Macedo, no *Estadão*. Disponível em: <http://politica.estadao.com.br/blogs/fausto-macedo/para-procurador-nao-ha-provas-que-liguem-contas-a-lula-e-dilma/>. Acesso em: 13 set. 2017.

ça. É importante expor o que Joesley Batista disse no primeiro momento para as autoridades.

Por isso, é necessário ir por partes.

Joesley disse à PGR que pagou propina aos políticos usando o dinheiro da maior empresa de proteína animal do mundo, a JBS, e de sua *holding*, a J&F, para obter vantagens no governo. Joesley deu uma dimensão do montante às autoridades:

> "Foram R$ 500 milhões totais, sendo R$ 400 milhões via oficial e R$ 100 milhões via notas fiscais ou em dinheiro. Os R$ 400 milhões oficiais teve [*sic*] ato de ofício, compreende? R$ 100 milhões não teve [*sic*] ato de ofício. Foi doação mesmo. Isso tudo foi explicado nos anexos [da delação]."

E Joesley gravou Temer depois de cometer crimes em série. Ele diz ao procurador-geral Rodrigo Janot como armou para ter ou forjar provas que despertassem a gana da PGR:

> "Registrei em áudio porque achei que seria importante estar registrada aquela reunião. Eu falei no telefone no sábado, dia 4 de março [de 2017]. Dia 6 eu estive no Fasano com o Rodrigo [Loures, deputado do PMDB, operador do presidente]. Dia 7 no

Palácio do Jaburu com o presidente Michel. Depois de o presidente Michel me autorizar que a pessoa seria o Rodrigo, eu tive mais dois encontros com o Rodrigo na semana seguinte. No dia 13 e no dia 16 (...). Voltando um pouco atrás, tem o problema do Eduardo Cunha e do Lúcio Funaro. O Lúcio Funaro é o operador financeiro do Eduardo. Do esquema PMDB da Câmara, composto pelo presidente Michel, Eduardo e alguns outros membros. Eu fui lá dizer que o Eduardo tá preso, o Lúcio tá preso e a gente paga uma mensalidade pro Lúcio até hoje (...). Pro Lúcio é uma mensalidade. Pro Eduardo, depois que ele foi preso, pagamos R$ 5 milhões de um saldo de uma dívida que ele tinha supostos créditos por ilícitos de propina (...). Eram R$ 20 milhões relacionados ao incentivo de desoneração fiscal do setor de frango. Na época o Eduardo Cunha tramitou essa prorrogação e pediu R$ 20 milhões para que isso acontecesse. Eu achava que eram R$ 15 milhões e ele disse que eram R$ 20 milhões. Por isso ficou este saldo de mais cinco [milhões]. Eu fui falar com o presidente exatamente isso. Tinha acabado o saldo do Eduardo, que eu tinha pago tudo, tudo estava em dia, mas tinha acabado. Por outro lado, eu seguia pagando o Lúcio. R$ 400 mil por mês. Queria informar isso pra ele e saber a opinião dele. Foi no

> momento que, de pronto, ele [Michel Temer] me
> disse que era importante continuar isso e, enfim."

O depoimento de Joesley não batia com os áudios que ele gravou de Michel Temer. Havia muita margem para interpretação, que num caso como esse não deve haver. Mais tarde entenderíamos por quê.

A TEORIA DE JOESLEY VENDIDA AO MPF SOBRE CUNHA

Explicamos no Capítulo 7 sobre a história de Eduardo Cosentino da Cunha e seu passado no governo Collor, sempre atuando como operador nos bastidores. Migrou das telecomunicações para o Congresso com apoio da bancada evangélica e de indivíduos, dentre os quais Anthony Garotinho. Traiu o antigo mentor no Rio de Janeiro e se tornou presidente da Câmara dos Deputados.

No controle da Casa, aceitou o impeachment de Dilma Rousseff. Depois de um longo processo, Michel Temer assumiu o poder. Com graves acusações de corrupção, Cunha acabou preso.

O corrupto atrás das grades transformou-se num problema.

"Quando ele [Cunha] foi preso, o presidente Michel já estava no poder e inicialmente acertamos com o Geddel [Vieira Lima, ex-ministro de Temer]. Eu não podia mais falar com o investigado e então fui falar com o presidente (...). Eu ouvi claramente do presidente que era 'importante manter isso'. Primeira missão minha [no Jaburu] era essa: saber se o compromisso ainda era necessário."

Joesley vendeu a teoria para o MPF de que havia se formado um esquema clandestino para manter Eduardo Cunha calado. A ideia seria mantê-lo preso e também colocar sua família numa posição de segurança. A esposa, Cláudia Cruz, ex-jornalista da TV Globo, foi acusada de ser coautora dos crimes de lavagem de dinheiro e evasão de divisas. Ela poderia ser condenada como Cunha, quando o marido foi cassado na Câmara dos Deputados. Como o ex-presidente da Casa dominava as votações por meio de chantagens nos bastidores, o temor de Temer era de que ele de fato fizesse uma delação premiada, uma vez que estivesse nas mãos da Justiça.

Cláudia foi absolvida em processo da Lava Jato em Curitiba, no mês de maio de 2017.

Joesley acusava o presidente da República de tentar se blindar usando meios escusos. Janot comprou a versão dos delatores da JBS a preço de ouro. Eles eram joias da coroa da PGR, mas novas gravações exporiam as vísceras das negociações entre a quadrilha da JBS e a PGR.

Novos áudios entregues ao MPF e ao STF três meses depois da delação escancaravam a participação de Marcelo Miller, que foi procurador e braço direito de Rodrigo Janot, no processo de orientação da delação ultrapremiada que os irmãos Batista conseguiram de presente. Os áudios foram entregues apenas porque a Polícia Federal já havia periciado os gravadores e constatado que parte do material tinha simplesmente sido apagada. E, um dia antes de o material começar a vazar, Rodrigo Janot fez uma coletiva em que se colocou como vítima, enganado pelos delatores da JBS. Uma piada de mau gosto. Com os novos áudios os delatores ficaram expostos. Mais adiante retomaremos o assunto.

> "Esse que tava sendo o problema. Era pagar para mantê-los calmos, em silêncio. Era pra pagar o Lúcio Funaro e o Eduardo Cunha na penitenciária para mantê-los calmos (...). Eu não sei como ficar calmo na cadeia, mas é pra ficar em silêncio e não se revelarem."

E quem é Lúcio Funaro?

O consultor, lobista, doleiro e operador de propinas Lúcio Bolonha Funaro está preso desde julho de 2016 e era operador de Cunha. O lobista foi preso na Operação Sépsis, no dia 1º de julho, com base na delação de Fábio Cleto, ex-vice-presidente de Fundos de Governo e Loterias da Caixa, investigado nas operações da Lava Jato denominadas Patmos e Greenfield.

E ele não foi o único preso.

Roberta Funaro foi presa no dia 18 de maio de 2017, alvo da Patmos, desdobramento da Lava Jato decorrente da delação premiada dos donos do grupo J&F. Ela foi presa por supostamente receber mesada de R$ 400 mil em troca de seu silêncio. Isso pesou para que Funaro tentasse um acordo de delação premiada, enquanto as tentativas de Eduardo Cunha foram frustradas.

Cunha não fechou acordo de delação premiada, mas Lúcio Funaro realizou sua delação com o objetivo de se livrar da cadeia. Detalharemos adiante tudo o que ele disse.

A TRAJETÓRIA VIRTUOSA DA FAMÍLIA BATISTA

A corrupção de Joesley Batista e dos integrantes de seu conglomerado de empresas não foi um acidente, muito menos uma coincidência. Foi um plano minuciosamente orquestrado pelo açougueiro, que, com a ajuda do PT para desossar o BNDES, criou um império às custas do povo. O princípio de Joesley e de sua quadrilha era um só: delinquir dentro e fora da política. Ele jogou a história da companhia em desgraça.

Antes do império do crime, o que existia era uma pequena iniciativa empreendedora. Na verdade, um pequeno frigorífico. Um açougue que se chamava Casa de Carnes Mineira e pertencia a José Batista Sobrinho, fundado em Anápolis, no interior de Goiás. O ano? 1953. Ou seja, o negócio existe há mais de sessenta anos. E o patriarca da família tinha o apelido de Zé Mineiro.

Por qual razão?

José Batista tinha se mudado ainda pequeno de Minas Gerais para Goiás, o que rendeu o apelido entre clientes e fornecedores fiéis. Isso facilitou nos negócios e marcou a empresa, por sempre aproximar o principal executivo dos interessados na iniciativa.

Em 31 de janeiro de 1956, Juscelino Kubitschek tornou-se o 21º presidente do Brasil, numa campanha eleitoral que envolveu a aliança de seis partidos. Tomou posse no Palácio do Catete, no Rio, mas iria governar o país em outra metrópole.

Ele fez cumprir uma determinação que existe desde a Constituição de 1891: a de construir uma nova capital para a República. Promessa da campanha em 1955, JK sancionou a lei nº 2.874 em 19 de setembro de 1956. Lúcio Costa e Oscar Niemeyer começaram as obras em fevereiro de 1957, com duzentas máquinas e 30 mil operários.

As obras acabaram em 41 meses, ou seja, cerca de três anos depois.

José Batista Sobrinho aproveitou incentivos do governo JK e passou a vender carne para as construtoras que trabalharam em conjunto com os arquitetos. Ainda em Goiás, em Luziânia, a esposa Flora cuidava de três meninos e três meninas, seus seis herdeiros.

Júnior, Joesley e Wesley começaram a se aproximar dos negócios do pai. A família se mudou no final dos anos 1970 para Brasília. Todos deixaram a escola antes do fim do colegial para se tornarem empregados do próprio grupo empresarial que se formava aos poucos. Os negócios cresciam e os descendentes de Zé Mineiro logo mostrariam que educação ética, moral e decência não estavam entre as suas qualidades.

E assim a Casa de Carnes Mineira tornou-se Friboi. E crescia.

Nos anos 1990, o Plano Real tornou o dólar igual a nossa moeda em valor. De acordo com a maioria dos estudos econômicos do período, isso deteriorou as exportações brasileiras. O ambiente, então, detonou com competidores grandes que já estavam no mercado e deu uma oportunidade aos menores em pleno governo Fernando Henrique Cardoso.

A Friboi começou um esquema de compra dos frigoríficos pequenos para reestabelecer suas organizações falidas e integrá-las à sua rede. O foco estava no mercado interno, enquanto os negócios falidos tinham operações fora do país.[77] E foram sendo incorporados.

O ex-governador de Goiás, Iris Rezende, fez parte do esquema do salto inicial do crescimento dos irmãos Batista. Os negócios se expandiam e Rezende facilitava todas as negociações. No fim do século XX, em 2000, a Friboi já era dona do frigorífico Anglo, o maior de Goiás. Estavam na sua mão também o Swift Armour e o Bordon, aquisições feitas em sociedade com outro grande frigorífico, o Bertin, do interior de São Paulo.

Rezende era sócio oculto do Anglo.

A compra foi realizada com um empréstimo do Banco do Brasil. O Bordon estava quebrado, mas tinha uma excelente operação de exportação de carne processada, que ficava enlatada e moída.

As duas empresas formaram a sociedade BF, de Bertin e Friboi. Daquele ponto em diante, a empresa dos Batista passou a trabalhar com carne industrializada,

---

77 Isso é explicado numa reportagem da revista *Piauí* de fevereiro de 2015. Disponível em: <http://piaui.folha.uol.com.br/materia/o-estouro-da-boiada/>. Acesso em: 13 set. 2017.

fora o abate de animais. A mesma formação empresarial ficou vigente até 2009, quando a sociedade foi desfeita. Isso aconteceu porque a Friboi comprou a parte dos Bertin e ficou sozinha no negócio. Era assim que funcionava para eles.

O IPO[78] da empresa ocorreu em 2007, o que a fez captar pelo menos R$ 800 milhões no mercado aberto. O crescimento não parou por aí. Entre os anos de 2007 e 2009, o BNDES despejou R$ 8,3 bilhões na JBS por meio de compra de ações, fora R$ 2 bilhões em empréstimo. Nenhum outro grupo privado recebeu soma próxima desse valor do maior banco de investimento do Governo Federal, que chegou a ter participação de 31% na companhia. Lula abriu os cofres do BNDES para Joesley e sua quadrilha. Usou dinheiro público para bancar parte dos juros. Emprestou dinheiro de outros bancos para engordar o caixa do BNDES e depois jogar tudo nas contas das empresas dos Batista.

O bando da JBS usou dinheiro do Brasil para financiar a expansão dos negócios, inclusive para os Estados Unidos.

Nosso povo pagou e ainda paga a conta.

A exposição do banco ficou tão grande que o governo achou por bem transferir parte das operações

---

78 Sigla em inglês para *Initial Public Offering*, oferta inicial de ações para abertura de uma empresa na bolsa de valores.

para a Caixa Econômica, a fim de reduzir os riscos do BNDES e ajudar na capitalização de outras empresas.

Foi dessa forma que a Friboi passou a se chamar JBS, sigla para o patriarca José Batista Sobrinho, o Zé Mineiro, para crescer nos Estados Unidos e nos países onde ela poderia operar com uma facilidade ainda maior que no Brasil.

Poucos meses depois da abertura das ações na bolsa de valores, a JBS foi procurada pelo J.P. Morgan. O banco americano fora incumbido de vender a Swift americana, frigorífico tradicional dos EUA fundado em 1885, que naquele momento pertencia a um fundo de ações. Era o pulo do gato que Joesley e Wesley, que assumiam o controle bilionário da empresa, precisavam.

Em 2005, os irmãos de Goiás haviam comprado a Swift argentina com 40% do valor da compra financiado pelo BNDES. Joesley esteve duas vezes com a presidente Cristina Kirchner antes de conseguir o aval do governo argentino para fechar o negócio. A ideia do grupo era conquistar tanto a América Latina quanto os Estados Unidos. Com a Swift americana posta à venda, parecia que o momento havia chegado para que eles jogassem o jogo fora do sistema brasileiro.

Todo o esquema foi financiado com dinheiro público, pelas mãos de gente como Lula e, futuramente, Dilma Rousseff, os assaltantes da República.

Além da JBS, havia mais três interessados na companhia: as gigantes americanas Cargill, National Beef e Smithfield Beef. Para os interioranos de Goiás, frigorífico é "tudo igual e só muda a administração". E eles acreditavam ser os administradores ideais.

A Swift tem filiais na Austrália e no Canadá e cerca de 90 mil funcionários. O faturamento anual chega à casa de US$ 20 bilhões. Quando a compraram, a empresa dava prejuízo de US$ 200 milhões para, dois anos depois, dar lucro de US$ 450 milhões.

No ano de 2008, novamente com aporte do BNDES equivalente a R$ 2,6 bilhões de reais, a JBS comprou outra gigante americana de carne, a Smithfield Beef Group. A operação cortou cargos de duzentos altos executivos, reduzindo o custo da empresa em R$ 45 milhões. A fama dos irmãos Batista de comprar para diminuir os negócios de carne ganhou o mundo.

A maior aquisição da JBS foi a da Pilgrim's Pride, em 2009. Tal operação na verdade envolveu a maior empresa produtora de frango fresco e processado dos Estados Unidos, enquanto a gigante brasileira assumia um dos maiores frigoríficos nacionais, o Bertin. A compra trouxe problemas para o grupo.

Para viabilizar a compra, o BNDES fez um lançamento de debêntures conversíveis em ações no valor de R$ 3,5 bilhões. Havia uma exigência: em um ano, a JBS USA teria de abrir capital para captar recursos e devolver a parte do banco na operação. A multa, caso a exigência não fosse cumprida, seria de US$ 300 milhões. A abertura de capital nos Estados Unidos nunca ocorreu e o banco virou sócio do empreendimento. Ou seja, a maracutaia público-privada existia desde aquela época.

Bo Pilgrim, homem de mais de oitenta anos, pedia US$ 2,88 bilhões por sua empresa. Wesley não queria pagar. A negociação manteve uma tensão por um dia, a maior tensão da carreira dos Batista. Na manhã do dia 16 de setembro, a JBS anunciou a compra da Pilgrim's por US$ 2,8 bilhões, enquanto Joesley no Brasil comunicava a incorporação do Bertin, assumindo a dívida da empresa, no valor de R$ 4 bilhões.

A operação mostrou que o BNDES topara entrar com capital na Pilgrim's, com a condição de empurrar o Bertin, à beira da falência, para a JBS. A opinião não é minha, mas de analistas sérios do mercado financeiro.

A iniciativa livraria o banco de contabilizar em seu balanço o prejuízo de um frigorífico em que entrara com uma participação de R$ 2,5 bilhões. O Bertin estava quebrado e precisava de uma desculpa perfeita para ser incorporado pela JBS.

Ao todo, o BNDES de Lula e de Dilma havia aportado quase R$ 18 bilhões aos frigoríficos e praticamente todas as operações estavam desmoronando. A quebra do frigorífico Independência, três meses depois de o banco ter injetado mais de R$ 250 milhões para impulsioná-lo, revelava o risco das operações e colocava em xeque a capacidade de análise de crédito dos técnicos da instituição.

Caso o Bertin quebrasse de vez, mancharia irremediavelmente a imagem do banco. Por isso, as empresas americanas e a JBS livraram a cara do BNDES.

Por isso precisamos falar sobre um elemento importante na história de Joesley, Wesley, Júnior e o patriarca do conglomerado.

A POLÍTICA DE "CAMPEÕES NACIONAIS"

Todas as grandes empresas envolvidas nas delações premiadas têm um traço comum: eram "campeãs nacionais" dos governos do PT. E o que é essa maracutaia?

O grande caixa de corrupção dos petistas é e sempre foi o BNDES, assim como a Petrobras foi a grande estatal para desvios que viravam pagamentos de propinas. Isso fez com que eles delirassem com um plano que mal e porcamente imitava as políticas norte-americanas de construção de grandes companhias.

De 2008 para a frente, quando o segundo governo Lula promoveu a gastança desenfreada enquanto os

Estados Unidos mergulhavam na crise, a melhor estratégia para aprimorar os resultados de uma companhia no Brasil era pegar o avião e ir a Brasília. Era conversar com políticos, em suma, e pegar o que pudesse do nosso bolso por meio deles, do ponto de vista financeiro.

O BNDES destinou cerca de R$ 40 bilhões a essas empresas, entre crédito subsidiado e compra de participações acionárias.[79] De acordo com James Robinson, professor da Universidade de Harvard e coautor do livro *Por que as nações fracassam*, políticas industriais e financeiras que beneficiam pequenos grupos de empresas tendem a criar castas. Ou seja, o PT criou o seu grupinho de empresários que passaram a venerar seus governos.

Os campeões petistas adoeceram e ajudaram a quebrar o país.

Bandos travestidos de empresa enriqueceram enquanto empobreceram a nação. Não há uma preocupação de fato com geração de emprego, renda ou crescimento do país junto ao crescimento dos negócios. Meritocracia? Só no roubo! E o liberalismo insiste em não florescer no Brasil.

É óbvio que os resultados da estratégia do BNDES foram nocivos. A conta que todos, incluindo os pobres, terão de pagar será elevada. Os repasses do Te-

---

79 As informações constam numa reportagem da revista *Exame* de 8 de novembro de 2013. Disponível em: <http://exame.abril.com.br/revista-exame/um-modelo-que-fracassou/>. Acesso em: 13 set. 2017.

souro ao banco foram de mais de R$ 312 bilhões entre 2009 e 2013.

E vamos aos percentuais.

O custo médio de captação de recursos pelo Tesouro hoje é de cerca de 10% ao ano. Boa parte dos empréstimos do BNDES para as empresas é feita com juros anuais estimados em 6%, abaixo da taxa Selic[80] e muito menos do que é cobrado dos cidadãos pelos bancos.

A diferença das taxas é bancada pelo Tesouro, ou seja, pelo pagador de impostos. De acordo com cálculos do Ministério da Fazenda, esse custo extra foi de R$ 13 bilhões, de 2009 até junho de 2013.

Isso tudo constitui um rombo gigantesco que não é apurado pelas autoridades, que ainda estão investigando a Petrobras, as empreiteiras e a JBS. A caixa-preta do BNDES nunca foi aberta e, sem medo de errar, posso afirmar que, se houvesse uma investigação séria dos desvios, os números serão muito superiores aos do Petrolão, que, até agora, é considerado o maior esquema de corrupção da história do mundo.

A delação de Joesley Batista, embora revele as entranhas do crescimento dos seus negócios, ainda não penetram na origem do dinheiro que saiu do governo e dos impostos que pagamos para uma casta favorecida pelo PT.

---

80 Taxa básica de juros, estipulada pelo Banco Central como uma referência.

UMA DELAÇÃO INCOMUM

A denúncia protocolada pela JBS foi levada do Supremo para a Procuradoria-Geral da República, por envolver políticos atuantes e com foro privilegiado – exceto Lula e Dilma, que podem ser processados e até julgados pelo juiz Sérgio Moro em primeira instância.

Porém, quando a dupla petista está envolvida em esquemas com pessoas que ainda têm foro, tudo fica nas mãos do STF. A delação dos irmãos Batista e dos executivos da JBS foi sem dúvida algo inédito na história não só do Brasil, mas do mundo. O conjunto de "novidades" no processo é realmente impressionante. A forma como as negociações aconteceram dentro da PGR, a pressa e a seletividade de Janot, o método utilizado para as gravações, as informações estrategicamente vazadas e as notícias plantadas antes da publicidade real dos áudios, tudo isso formou um conjunto único na história das colaborações premiadas.

Era um enredo perfeito.

Mas a publicidade dos áudios, as investigações e o aparecimento de novas gravações que Joesley e seu bando simplesmente "esqueceram" de entregar durante três meses mudariam o rumo de parte da história, das flechas atiradas pela PGR e pelos delatores da JBS.

Detalharemos mais adiante.

Mas por que esse tipo de colaboração foi inédito? Vamos comparar.

A delação da Odebrecht foi negociada durante dez meses e a da OAS se arrasta por mais de um ano, agora resultando na condenação em primeira instância de Lula no caso do tríplex do Guarujá.

A da JBS foi feita em tempo recorde. No final de março, iniciaram-se as conversas. Os depoimentos começaram em abril e na primeira semana de maio já haviam terminado.

A gigante de carnes contratou o escritório de advocacia Trench, Rossi e Watanabe para tentar um acordo de leniência com o Departamento de Justiça dos EUA (DOJ), além da Justiça brasileira. A companhia possui 56 fábricas nos EUA, onde lidera o mercado de suínos, frangos e bovinos. Pelo que foi negociado com Rodrigo Janot e homologado pelo relator da Operação Lava Jato, Luiz Edson Fachin, os sete delatores não seriam presos nem utilizariam tornozeleiras eletrônicas, pela suposta riqueza do teor das informações. Mas o tempo condicional do verbo mudou. As armações começaram a aparecer e a sorte dos irmãos Batista e sua quadrilha começou a mudar. A sociedade nos crimes em série já não sairia de graça.

O que ficou decidido logo depois do acordo ultra-premiado feito com os irmãos Batista? Da empresa seria cobrada uma multa de R$ 225 milhões para livrá-los das operações Greenfield e Lava Jato, que investigam a JBS há dois anos. Essa conta pode aumentar na Justiça americana. A empresa também negociou para pagar pouco mais de R$ 10 bilhões de multa para ressarcir os cofres públicos, em danos diretos e indiretos. Lembre-se de que toda essa negociação ocorreu antes de a segunda leva de gravações aparecer e de as suspeitas de envolvimento de um procurador, que era braço direito de Janot para favorecer o grupo JBS, ficarem evidentes.

Marcelo Miller aparece com força na história.

A VISÃO DO EMPRESÁRIO CRIMINOSO

Joesley começou bem o jogo para enterrar de vez o governo de Michel Temer e junto dele boa parte do que restava de um dos maiores partidos brasileiros, o PMDB. Depois de delatar, prestar seus depoimentos e dizer ao procurador Janot tudo o que ele queria ouvir com suas gravações, o açougueiro milionário saiu do Brasil para levar sua família até Nova York, onde a JBS tem outros negócios.

Audacioso, Joesley tinha certeza de que havia conseguido dar um golpe de mestre. Ele entregou milhares de políticos, seus sócios nos crimes e o presidente que sucedeu Dilma logo depois do impeachment. E ele afirmou em alto e bom som que comprou todo o sistema político brasileiro que queria colaborar. Joesley teria entregado todos de bandeja, desde que ficasse com a liberdade assegurada e os milhões roubados do Brasil no bolso. Um crime perfeito!

Tudo parecia caminhar bem para Joesley. O teor da gravação da conversa dele com Temer virou uma denúncia feita por Rodrigo Janot. Temer poderia virar réu no STF e ser afastado e até cassado. Bastava a Câmara aceitar a denúncia para o processo prosseguir.

Com a baixa popularidade do chefe do Executivo, o país atravessando nova crise e em ano anterior às eleições, pareciam favas contadas, mas os deputados, depois de muita pressão e de uma negociação com alto custo para o país, rejeitaram a primeira denúncia de Janot.

Rodrigo Janot foi derrotado e o castelo de Joesley começou a ruir. Seria só o começo. O criminoso em série ainda tentava botar banca de empresário, de homem arrependido e de colaborador, agora fiel, da Justiça. Esse bandido nunca me enganou.

Afetado em cheio pela Lava Jato, Joesley Batista publicou um texto chamado "67 dias e 67 noites de uma delação"[81] no jornal *Folha de S. Paulo*, no dia 23 de julho de 2017. Lá ele faz um drama e expõe o que seria a sua visão sobre os fatos recentes:

"Dezessete de maio de 2017, aniversário de doze anos de um dos meus filhos – que deixaria a escola e sairia do país a meu pedido –, foi também o dia do meu renascimento. Senti-me um novo ser humano, com valores, entendimento e coragem para romper com elos inimagináveis de corrupção praticada pelas maiores autoridades do nosso país.

Em vez de comemorar seu aniversário, minha filha juntou-se a milhões de brasileiros que tomavam conhecimento de episódios de embrulhar o estômago. Naquele dia vazou para a imprensa o conteúdo do acordo de colaboração premiada que havíamos assinado com a Procuradoria-Geral da República. Confesso que minha reação foi de medo, preocupação e angústia.

Afinal, uma semana antes estivera em audiência no Supremo Tribunal Federal para cumprir os ritos necessários à homologação do acordo. Essa notícia que

---

81 Ele assina com o nome completo: Joesley Mendonça Batista. O texto está disponível no link a seguir: <http://www1.folha.uol.com.br/opiniao/2017/07/1903469-67-dias-e-67-noites-de-uma-delacao.shtml>. Acesso em: 13 set. 2017.

eu aguardava para junho veio de súbito por um vazamento na imprensa.

Desde então, vivo num turbilhão para o qual são arrastados minha família, meus amigos e funcionários. Imagens minhas e da minha família embarcando num avião, tiradas do circuito interno do Aeroporto Internacional de Guarulhos, foram exibidas na TV, como se estivéssemos fugindo. Um completo absurdo.

Políticos, que até então se beneficiavam dos recursos da J&F para suas campanhas eleitorais, passaram a me criticar, lançando mão de mentiras. Disseram, por exemplo, que, depois da delação, eu estaria flanando livre e solto pela Quinta Avenida, quando, na verdade, nem em Nova York eu estava.

Para proteger a integridade física da minha família, decidi ir para uma pequena cidade no interior dos Estados Unidos, longe da curiosidade alheia. Nessa altura, porém, eu já havia sido transformado no inimigo público número um, e nada do que eu falasse mereceria crédito.

Minha exata localização nem seria assim tão relevante, a não ser por revelar uma estrutura armada com o objetivo de transformar a realidade complexa, plena de nuances, num maniqueísmo primário, em que eu deveria ser o mal para que outros pudessem ser o bem.

Mentiras foram alardeadas em série. Mentiram que durante esse período eu teria jantado no luxuoso restaurante Nello, em Nova York; que eu teria viajado para Mônaco a fim de assistir ao GP de Fórmula 1; que eu teria fugido com meu barco.

A lista das inverdades não parou por aí. Mentiram que eu estaria protegendo o ex-presidente Lula; mentiram que eu seria o responsável pelo vazamento do áudio para a imprensa para ganhar milhões com especulações financeiras; que eu teria editado as gravações.

Por fim, a maior das mistificações: eu teria estragado a recuperação da economia brasileira, como se ela fosse frágil a ponto de ter que baixar a cabeça para políticos corruptos.

De uma hora para outra, passei de maior produtor de proteína animal do mundo, de presidente de um dos maiores grupos empresariais privados brasileiros, a 'notório falastrão', 'bandido confesso', 'sujeito bisonho' e tantas outras expressões desrespeitosas. Venderam uma imagem perfeita: 'Empresário irresponsável e aproveitador toca fogo no país, rouba milhões e vai curtir a vida no exterior'.

A única verdade que sei é que, desde aquele 17 de maio, estou focado na segurança de minha família e na saúde financeira das empresas, para continuar garantindo os 270 mil empregos que elas geram.

Por isso, demos início a um agressivo plano de desinvestimento que tem tido considerável êxito, o que demonstra a qualidade da equipe e das empresas que administramos.

De volta a São Paulo, onde moro com minha mulher e meus filhos, vejo na imprensa políticos me achincalhando no mesmo discurso em que tentam barrar o que chamam de 'abuso de autoridade'.

Eles estão em modo de negação. Não os julgo. Sei o que é isso. Antes de me decidir pela colaboração premiada, eu também fazia o mesmo. Achava que estava convencendo os outros, mas na realidade enganava a mim mesmo, traía a minha história, não honrava o passado de trabalho da minha família.

Poucos mencionam a multa de R$ 10,3 bilhões que pagaremos, como resultante do nosso acordo de leniência. Essa obrigação servirá para que nossas próximas gerações jamais se esqueçam dessa lição do que não fazer.

Não tenho dúvida de que esse acordo pagará com sobra possíveis danos à sociedade brasileira.

Hoje, depois de 67 dias e 67 noites da divulgação da delação, resolvi escrever este artigo, não para me vitimar – o que jamais fiz –, mas para acabar com mentiras e folclores e dizer que sou feito de carne e osso. E entregar ao tempo a missão de revelar a razão."

Sempre defendi a investigação em cima de todos os políticos suspeitos de parcerias com atos de corrupção e, nesse caso, com os crimes da turma da JBS. Mas também afirmei desde o início do escândalo que Joesley é um mentiroso contumaz, um criminoso confesso da pior espécie e chefe de quadrilha.

Logo, ele jamais poderia ser beneficiado com um acordo de delação, ainda mais com imunidade total no processo. Minhas afirmações ganham força com o surgimento de novas gravações de Joesley *et caterva*.

O PRIMEIRO DENUNCIANTE FALA

Hermes Freitas Magnus entrou em contato comigo durante a produção deste livro.

Ele não é o primeiro delator da Operação Lava Jato, mas foi o homem que voluntariamente foi denunciar ao juiz Sérgio Moro o que sabia do esquema de José Janene no PP.

Ele nos forneceu documentos exclusivos sobre sua empresa e a relação com companhias e doleiros que faziam a lavagem de dinheiro de políticos.[82]

Da lavanderia dos partidos, passando pelo lendário Posto da Torre (que deu o nome à Lava Jato), as denúncias atingiram a Petrobras, as maiores empreiteiras brasileiras, as empresas de agronegócio e agora chegam perto de bancos e instituições financeiras.

As investigações, de fato, não podem parar. Seremos um país melhor depois delas.

---

82   Os documentos constam nos anexos deste livro.

11.

OS BANCOS E OS PRINCIPAIS DADOS SOBRE AS DELAÇÕES PREMIADAS

OS PRÓXIMOS SETORES QUE PODEM SER AFETADOS PELA LAVA JATO. O QUE PODEMOS ESPERAR DE FUTURAS DELAÇÕES PREMIADAS. O QUE SERÁ DO BRASIL COMO PAÍS?

Operação Lava Jato não acabou, apesar de todos os ataques. A 42ª fase da operação, chamada Cobra, botou atrás das grades o ex-presidente do Banco do Brasil e da Petrobras, Aldemir Bendine, ironicamente o homem escolhido por Dilma Rousseff para supostamente barrar o propinoduto implantado pelo PT dentro da estatal.

O executivo foi encarcerado no dia 27 de julho de 2017. Antônio Carlos Vieira da Silva Júnior e o publicitário André Gustavo Vieira da Silva também foram detidos. Ao todo, foram cumpridos onze mandados de busca e apreensão e três mandados de prisão temporária no Distrito Federal e nos Estados de Pernambuco, Rio de Janeiro e São Paulo. Bendine tinha passagem comprada para Portugal no dia 28 de julho e voltaria no dia 19 de agosto, de acordo com seu advogado no processo.

Bendine nasceu em Paraguaçu Paulista, no interior de São Paulo, tem 53 anos e é administrador de empresas. Ele foi funcionário de carreira no Banco do Brasil. Entrou na empresa em 1978 como menor aprendiz, após concurso público, e tornou-se presidente em 17 de abril de 2009. Ele fazia Engenharia Civil em Presidente Prudente e abandonou a faculdade para cursar Administração de Empresas na PUC Rio.

O empresário é muito próximo de Dilma Rousseff, a mulher que quebrou o Brasil, e é antecessor de Pedro Parente, o executivo que foi escolhido para administrar a petroleira mais endividada do mundo.

A prisão aconteceu depois da investigação de contratos da Petrobras e da Odebrecht. A lista de políticos e relações reveladas por Marcelo Odebrecht chegava aos bancos brasileiros.

Foi na gestão Bendine da Petrobras que os áudios sobre a compra da refinaria de Pasadena teriam sido destruídos. Delatores afirmam que ele teria pedido R$ 3 milhões para não arruinar as relações, o que foi citado por Marcelo Odebrecht em seu depoimento.

Marcelo nomeou a ação de "achaque de Bendine", porque ele parecia cumprir ordens do Governo Federal antes da prisão do presidente da empreiteira.

É muito provável que Bendine entre na delação premiada justamente por sua proximidade com a ex-

-presidente da República. O depoimento, assim como no caso de Joesley Batista, deve atingir o braço direito dela, o ex-ministro Guido Mantega.

O homem forte da Fazenda já é citado por delatores, enquanto Palocci é denunciado pela corrupção nos esquemas de Lula.

Como fez parte do setor bancário, a prisão de Bendine não afetou apenas a Petrobras. O atual presidente do Banco do Brasil, Paulo Caffarelli, tinha proximidade com Aldemir Bendine e se afastou. E há três pessoas dentro do BB que ainda possuem proximidade com ele: o vice-presidente de Distribuição de Varejo e Gestão de Pessoas, Walter Malieni, o vice-presidente de Negócios de Atacado, Antonio Maurício Maurano, e o chefe da BB DTVM (braço de fundos de investimento e carteiras administradas), Paulo Ricci.

Os inimigos políticos do presidente Michel Temer – a turma do PT e outros grupos – insistem na tese de que seu governo está tentando acabar com as investigações.

Na verdade todos estão. É claro que o atual governo adoraria ver a Lava Jato ruir, mas quem mais atuou e atua contra a Lava Jato é o PT liderado por Lula.

A razão é simples.

O Petrolão foi implantado pela quadrilha de Lula, que inclusive já foi condenado à cadeia pelo juiz Sérgio Moro. Basta o TR4 confirmar e Lula será presidiário.

Querem mais?

A maioria do Congresso trabalha contra a Lava Jato. São muitos os deputados e senadores investigados. Parlamentares já foram presos por Moro. O ex-presidente da Câmara, Eduardo Cunha, está atrás das grades.

Todos os que de alguma forma foram ou serão pegos pela Lava Jato querem o fim da operação. Não é algo exclusivo do PMDB ou do PT, mas eles se esforçaram bastante.

E mais: depois de tentarem via Executivo e via Legislativo, os encrencados na operação ainda tentam melar a Lava Jato no STF. O mesmo Supremo que decidiu pela legalidade da prisão e depois de condenação em segunda instância em 2016. A mesma corte que alertou que pode mudar de ideia sobre essa resolução ainda em 2017.

Seria um ataque mortal à operação que descortinou os maiores esquemas de corrupção da História. Afinal, do que adianta Sérgio Moro condenar corruptos e corruptores se não houver a prisão pós-condenação em segunda instância?

Do que adianta uma punição em primeira instância se os bandidos terão até vinte anos de recursos infindáveis?

É a certeza da impunidade.

Tudo o que Lula espera. Todos os corruptos que atuam contra a Lava Jato querem isso.

O DOCUMENTO QUE MOSTRA AS ACUSAÇÕES CONTRA BENDINE

Um documento foi protocolado na 13ªVara Federal de Curitiba, da força-tarefa da Operação Lava Jato e do juiz Sérgio Fernando Moro. A delação premiada da Odebrecht mostra Aldemir Bendine envolvido nas denúncias da empreiteira.

Confira o texto da denúncia:[83]

> "O MINISTÉRIO PÚBLICO FEDERAL, no decorrer das investigações da Operação Lava Jato, firmou acordos de colaboração premiada com 77 (setenta e sete) executivos e ex-executivos do GRUPO ODEBRECHT, havendo protocolizado, em 19/12/2016, petições no Supremo Tribunal Federal visando à homologação dos referidos acordos, nos termos do disposto no art. 4º, §7º, da Lei 12.850/2013.

---

83 O documento foi divulgado pelo jornalista Fausto Macedo no *Estadão*. Disponível em: <http://politica.estadao.com.br/blogs/fausto-macedo/wp-content/uploads/sites/41/2017/07/1_INIC1-10.pdf>. Acesso em: 13 set. 2017>. Acesso em: 13 set. 2017.

Em decorrência dos referidos acordos de colaboração, foram prestados por seus respectivos colaboradores centenas de termos de colaboração, no bojo dos quais se relatou a prática de distintos crimes por pessoas com e sem foro por prerrogativa de função no Supremo Tribunal Federal.

A Ministra Presidente da Corte Suprema, em 28/01/2017, determinou a homologação dos acordos de colaboração em referência, em seguida, os autos foram para a Procuradoria-Geral da República, para manifestação quanto às providências a serem adotadas.

Em manifestação autuada como Petição 6646, o Procurador-Geral da República, em 14/03/2017, ante a ausência de menção a autoridade detentora de prerrogativa de foro, requereu fossem os Termos de Depoimento nos 1 e 2 de FERNANDO LUIZ AYRES DA CUNHA SANTOS REIS (ex-presidente da Odebrecht Ambiental) e o Termo de Depoimento nº 36 de MARCELO BAHIA ODEBRECHT (ex-presidente do Grupo Odebrecht) enviados para esse il. Juízo da 13ª Vara Federal de Curitiba para adoção de providências cabíveis.

Referidos termos dizem respeito ao pagamento de vantagens indevidas pelo GRUPO ODEBRECHT para ALDEMIR BENDINE (presidente do Banco do Brasil entre 17/04/2009 e 06/02/2015 e presidente da PETROBRAS entre 06/02/2015 e 30/05/2016) no valor de R$ 3 milhões para que este, enquanto presidente da PETROBRAS e já em pleno curso da Operação Lava Jato, passasse a defender os interesses do grupo econômico na estatal.

Segundo se denota, ALDEMIR BENDINE teria sido estrategicamente posicionado pelo Governo Federal na presidência da PETROBRAS, em 06/02/2015, para mitigar os efeitos econômicos da Operação Lava Jato sobre as empresas investigadas, como forma de desestimular a celebração de acordos de colaboração e leniência com o MINISTÉRIO PÚBLICO FEDERAL. Em 04/04/2017, o eminente Ministro Relator Edson Fachin, acolhendo os fundamentos da Procuradoria-Geral da República, determinou o levantamento do sigilo da Petição 6646 e o envio de cópia das citadas declarações prestadas pelos colaboradores, bem como dos documentos apresentados, para a Seção Judiciária do Estado do Paraná. O material foi, então, recebido por esse il. Juízo e autuado na Representação Criminal nº 5022683-50.2017.4.04.7000."

E há detalhes dentro dessa delação para entender a atuação do ex-Banco do Brasil na Petrobras.

O "DIDA"

"FERNANDO LUIZ AYRES DA CUNHA SANTOS REIS ('FERNANDO REIS') (ex-presidente da Odebrecht Ambiental) narra que, em junho de 2014, ANDRÉ GUSTAVO VIEIRA DA SILVA ('ANDRÉ GUSTAVO') o procurou se apresentando como emissário de ALDEMIR BENDINE (conhecido como 'Dida'), então presidente do Banco do Brasil.

ANDRÉ GUSTAVO, publicitário pernambucano residente em Brasília, teria optado por se aproximar do GRUPO ODEBRECHT, por meio de FERNANDO REIS, em razão de ambos já se conhecerem, por ocasião da 'campanha de ataque que, ele [ANDRÉ GUSTAVO], na condição de marqueteiro de Humberto Costa, promoveu contra a PPP de esgoto de Recife'.

Fontes abertas corroboram os dizeres de FERNANDO REIS e confirmam a participação de ANDRÉ GUSTAVO em campanha de Humberto Costa e indicam que ele também foi o marqueteiro responsável por dirigir a campanha política que elegeu Pedro Passos Coelho primeiro-ministro de Portugal em 2011, bem como sua campanha de 2015.

FERNANDO REIS afirma que agendou um primeiro encontro com ANDRÉ GUSTAVO no Hotel Mercure São Paulo Jardins (Alameda Itu, 1151, Jardins, São

Paulo – SP), o qual, segundo se recorda, provavelmente ocorreu no dia 23/06/2014.

De acordo com FERNANDO REIS, já neste primeiro encontro, ANDRÉ GUSTAVO, após dizer que falava em nome do então presidente do Banco do Brasil, ALDEMIR BENDINE, relatou que o GRUPO ODEBRECHT possuía uma agenda com o Banco do Brasil e demonstrou, de fato, conhecer detalhes, pois narrou três processos de crédito que as empresas do grupo tinham junto ao banco:

(1) R$ 600 milhões para o Estaleiro Enseada Paraguaçu, (2) 150 milhões para financiar a aquisição da EGF (processo de privatização em Portugal) e (3) R$ 2,9 bilhões de crédito para a Odebrecht Industrial.

FERNANDO REIS pontua que 'ANDRÉ GUSTAVO claramente tinha a intenção de negociaruma 'comissão' sobre todas essas operações, mas os créditos relativos à EGF e ao Estaleiro não avançaram e as conversas com ANDRÉ GUSTAVO evoluíram apenas em relação ao crédito da ODEBRECHT AGROINDUSTRIAL'. À época, a ODEBRECHT AGROINDUSTRIAL negociava com o Banco do Brasil o alongamento da dívida vincenda (rolagem de R$ 1,7 bilhão), além de nova rolagem, ao final da safra 2015/2016, de dívidas que venceriam no começo da safra 2016/2017, no valor de R$ 1,2 bilhão.

Segundo FERNANDO REIS, ANDRÉ GUSTAVO, nesse primeiro encontro, lhe confidenciou que ALDEMIR BENDINE 'estava insatisfeito, pois GUIDO MANTEGA (que concentrava as funções de interlocutor e arrecadador do PT/Governo Federal junto ao Grupo Odebrecht) monopolizava a interlocução com o Grupo Odebrecht e ele BENDINE 'recebia as ordens do Ministro, mas ao final não via nada'. ANDRÉ GUSTAVO, então, teria completado dizendo que ALDEMIR BENDINE 'exigia um 'pedágio' para si próprio, condicionando a aprovação do crédito ao pagamento. Inicialmente, ainda naquele encontro, ele falava em percentuais na ordem de 2% a 3% (o que daria algo entre R$ 58 e R$ 87 milhões)'.

FERNANDO REIS declara que, anteriormente ao encontro, não sabia das ligações entre ANDRÉ GUSTAVO e ALDEMIR BENDINE, mas a riqueza de detalhes com que ele apresentou a agenda do GRUPO ODEBRECHT com o Banco do Brasil e as informações que ele trouxe sobre a relação da empresa com o então Ministro da Fazenda GUIDO MANTEGA demonstraram que ANDRÉ GUSTAVO era, de fato, representante de ALDEMIR BENDINE. FERNANDO REIS afirma que, posteriormente, teve a confirmação da ligação entre ambos: 'Confirmei isso posteriormente, quando (acredito que em julho de 2014) fui tratar com BEN-

DINE sobre pedido de crédito para aquisição de uma empresa em Portugal e, ao final da reunião, mesmo em desconexão com o assunto tratado, ele me disse 'vamos conversar por intermédio de nosso amigo comum', deixando evidente que ANDRÉ GUSTAVO falava em seu nome'.

Um novo encontro entre FERNANDO REIS e ANDRÉ GUSTAVO foi realizado, em data não precisada, no térreo do Hotel Excelsior (Av. Atlântica, 1800, Copacabana, Rio de Janeiro – RJ), onde ANDRÉ GUSTAVO estava hospedado. Na ocasião, ANDRÉ GUSTAVO teria insistido no pagamento da propina para ALDEMIR BENDINE e, após reiterada negativa de FERNANDO REIS, teria dito que tudo poderia ser resolvido com um valor correspondente a 1% do crédito negociado (o equivalente a R$ 17 milhões).

Em conversa subsequente de FERNANDO REIS com MARCELO BAHIA ODEBRECHT ('MARCELO ODEBRECHT'), restou decidido que o GRUPO ODEBRECHT não iria efetuar o pagamento da propina solicitada por ALDEMIR BENDINE enquanto presidente do Banco do Brasil, pois não acreditavam na influência deste sobre a equipe e os trâmites técnicos do banco. Ademais, levantamento realizado por funcionários da ODEBRECHT AGROINDUSTRIAL indicava que a tramitação do processo de liberação de crédito transcorria normalmente na área técnica do Banco do Brasil, sem que ALDEMIR BENDINE tivesse qualquer interferência.

A análise de eficácia do pagamento de propina no montante de R$ 17 milhões ('17 vs eficácia') está registrada no Outlook de MARCELO ODEBRECHT."

MERCADANTE E A TENTATIVA DE BRECAR A LAVA JATO

"ALDEMIR BENDINE veio a ser escolhido pelo Governo Federal para assumir a presidência da PETROBRAS e, em razão dessa nova condição, teria vislumbrado a oportunidade de reencaminhar com mais efetividade a solicitação de propina feita ao GRUPO ODEBRECHT, uma vez que agora teria mais poderes para atuar de modo escuso no interesse do grupo econômico, que ao tempo receava os avanços da Operação Lava Jato e estava cautelarmente impedido de contratar com a PETROBRAS.

FERNANDO REIS narra que, mesmo antes de ser noticiada a nomeação de ALDEMIR BENDINE para a PETROBRAS, recebeu 'ligação de ANDRÉ GUSTAVO antecipando e confirmando a notícia, mostrando sua relação com ALDEMIR BENDINE e a ascensão do mesmo na hierarquia de poder, sendo homem próximo e de confiança da presidente DILMA'.

Nesse contexto, em que ALDEMIR BENDINE já se valia de sua futura, porém certa, assunção do cargo de presidente da PETROBRAS para solicitar vantagens indevidas, teria ocorrido, em 26 de janeiro de 2015, reunião com MARCELO ODEBRECHT e FERNANDO REIS convocada por BENDINE para, em verdadeiro merchandising de seus futuros atos de ofício, tratar especificamente da incumbência e dos poderes que teria em seu novo cargo de amenizar os efeitos da Operação Lava Jato sobre as empresas investigadas, como uma forma de evitar potenciais delações premiadas. Ao fim da reunião, ALDEMIR BENDINE teria espontaneamente mencionado que o empréstimo do Banco do Brasil à ODEBRECHT AGROINDUSTRIAL já estava em vias de aprovação, possivelmente como forma de transmitir o recado de que ele não havia se esquecido da recusa do GRUPO ODEBRECHT em lhe pagar a vantagem indevida referente ao empréstimo e reforçar que sua cooperação como presidente da PETROBRAS dependeria do pagamento da propina que lhe fora negada enquanto presidente do Banco do Brasil (...).

No âmbito do acordo de colaboração, FERNANDO REIS apresentou cópia da nota que MARCELO ODEBRECHT havia enviado para ALOIZIO MERCADANTE, a qual teria sido repassada por este para ALDEMIR BENDINE e 'ostentada' por ele na reunião com os executivos da ODEBRECHT no Banco do Brasil. No documento, o empreiteiro faz sugestões e requerimentos de medidas para amenizar a repercussão econômica da Operação Lava Jato sobre as empresas investigadas (...).

Assim, dez dias após a reunião com os executivos da ODEBRECHT e, ao que indicam as provas, como autêntico agente de contrainteligência designado pelo Governo Federal para frear os avanços da Operação Lava Jato, ALDEMIR BENDINE deixou a presidência do Banco do Brasil para, em 06/02/2015, assumir a presidência da PETROBRAS.

De acordo com FERNANDO REIS, a saída de ALDEMIR BENDINE da presidência do Banco do Brasil em nada afetou o crédito da ODEBRECHT AGROINDUSTRIAL, que continuou percorrendo os trâmites regulares e foi concedido em 31/03/2015 (53 dias após a saída de ALDEMIR BENDINE do Banco do Brasil), 'mostrando que este tipo de decisão independia de sua influência direta, embora ele procurasse mostrar o contrário, utilizando-se do cargo para pedir dinheiro'.

Já na condição de Presidente da PETROBRAS, ALDEMIR BENDINE e ANDRÉ GUSTAVO se encontram com FERNANDO REIS, em meados de fevereiro de 2015, no térreo do Hotel Windsor Atlântica (Avenida Atlântica, 1020 – Copacabana, Rio de Janeiro - RJ) – local no qual BENDINE disse que estava hospedado –, em mesas localizadas em frente ao restaurante Alloro.

Na oportunidade, ALDEMIR BENDINE teria questionado FERNANDO REIS sobre a agenda do GRUPO ODEBRECHT junto à PETROBRAS, querendo entender os assuntos, dizendo que 'entraria para resolver as questões importantes'. Considerando, porém, que os assuntos específicos da área de FERNANDO REIS não eram relevantes, ALDEMIR BENDINE teria pedido que o colaborador promovesse um encontro com MARCELO ODEBRECHT.

Nos dias que se seguiram ao encontro, FERNANDO REIS passou a receber diversos recados de ALDEMIR BENDINE, por intermédio de ANDRÉ GUSTAVO, relatando informações internas, privilegiadas e confidenciais da PETROBRAS e decisões de conselho e de diretoria, a exemplo de como o conselho da estatal trataria o desbloqueio cautelar das empresas, de que haveria mudanças na diretoria, de que ALDEMIR BENDINE receberia as delegações japonesas envolvidas no projeto da Sete Brasil juntamente com a Presidente DILMA ROUSSEFF, entre outras coisas.

FERNANDO REIS afirmou que 'entendia claramente que estas informações eram uma maneira de demonstrar como a relação de ALDEMIR BENDINE seria importante e renderia frutos para a Organização Odebrecht'."

O PEDIDO DE SILÊNCIO DE ALOIZIO MERCADANTE

No mesmo período em que Bendine assumiu o controle da Petrobras, um dos homens fortes de Dilma Rousseff e do PT tentou comprar o silêncio de um dos delatores.

Vice de Lula em uma das eleições e ministro da ex-presidente, Aloizio Mercadante tentou influir diretamente nas investigações da Operação Lava Jato. A informação consta numa reportagem da revista *Veja* de 15 de março de 2016, assinada por Robson Bonin e Daniel Pereira.[84]

Qual foi o crime?

O ex-senador Delcídio do Amaral, preso e cassado pela operação, acusou o ministro Aloizio Mercadante de lhe oferecer ajuda financeira, política e jurídica em troca de seu silêncio. E por que ele decidiu falar isso?

---

84 A reportagem está na internet. Disponível em: <http://veja.abril.com.br/politica/exclusivo-governo-tentou-comprar-o-silencio-de-delcidio-do-amaral/>. Acesso em: 13 set. 2017.

Lula, o chefão, chamou Delcídio de imbecil por ter sido gravado ao tentar comprar o silêncio de Nestor Cerveró, um dos delatores. Leia os capítulos anteriores. Foi por causa do delator que o ex-senador foi preso.

Ou seja, o PT também o rifou em público. Com medo de expiar seus pecados em cova rasa, o bombeiro, agora no papel de incendiário, mostrou-se disposto a contar às autoridades tudo o que viu, ouviu e fez a mando de Lula e Dilma durante treze anos de intimidade com o poder. Não era um blefe. O acordo de delação premiada no qual Delcídio afirma que Lula e Dilma sabiam da existência do esquema de corrupção e atuaram a fim de mantê-lo em funcionamento foi homologado pelo falecido ministro Teori Zavascki, do Supremo Tribunal Federal. O senador resistiu a uma proposta generosa de "enterro com dignidade" apresentada por Aloizio Mercadante para salvar a pele do partido. Para essa gente, o que importa é salvar os políticos, nunca demonstrar honestidade com o país.

O que o homem de Dilma queria? Mercadante ofereceu ajuda financeira à família de Delcídio e prometeu usar a influência política do governo junto ao Senado e ao STF para tentar evitar a cassação do senador e conseguir sua libertação. O homem forte do PT prometeu procurar o presidente do Senado, Renan Calheiros, para armar um plano de modo a fazer com que a Casa voltasse atrás na decisão tomada em plenário. Revogaria a ratificação da ordem de prisão expedida pelo Supremo.

A ideia era "construir com os juízes uma saída" para Delcídio do Amaral. Aloizio Mercadante diz com todas as letras que Ricardo Lewandowski, o presidente do STF na época, poderia libertá-lo por meio de liminar durante o recesso de fim de ano do Judiciário. Sem citar o nome, o ministro dá a entender que vai procurar outro ministro do STF e que sua ideia é fazer com que o Senado procure Teori Zavascki para pleitear a soltura do político.

Conforme registrado pela *Veja*:

> "Talvez o Senado possa fazer uma moção, a mesa do Senado, ao Teori, entendeu? Um pedido: Olha, nós demos autorização considerando o flagrante, considerando as condições, etc., mas não há necessidade pá, pá, pá – pá, pá, pá. E tentar construir com o Supremo uma saída."

A menção ao STF foi ligeira, mas estratégica. Àquela altura, a prioridade da família de Delcídio era libertá-lo antes do Natal. Havia, entretanto, a suspeita de que Teori negaria, como de fato ocorreu, o pedido de *habeas corpus*. A oferta de Mercadante remediaria o problema.

Mercadante classificou a delação de Delcídio como "movimento precipitado". A primeira conversa entre Mercadante com um assessor em favor de Delcídio ocorreu no dia 1º de dezembro de 2015, uma semana após a prisão do ex-líder do governo. A segunda deu-se no dia 9 de dezembro, um dia após a família de Delcídio decidir contratar o escritório do advogado Antônio Augusto Figueiredo Basto, um dos principais especialistas em delação premiada no país.

Mercadante afirma que Delcídio é "fundamental para o governo", mas estava pensando apenas em salvar a própria pele. Diz, falando em nome da ex-presidente: "Eu sou um cara leal. A Dilma sabe que, se não tiver uma pessoa para descer aquela rampa, eu vou com ela até o final".

A presidente não duraria no cargo, mesmo com Aloizio Mercadante cobrando calma da mulher e das filhas de Delcídio, as principais incentivadoras de um acordo de delação. Num segundo encontro, ainda sob o impacto da notícia da contratação do especialista para dar seguimento ao seu depoimento, Mercadante é mais explícito para falar sobre a situação de Delcídio do Amaral.

Para o homem de Dilma, nem Renan Calheiros, investigado no STF, nem o governo poderão se mexer para salvar Delcídio caso o depoimento fosse em frente.

A crueldade dos criminosos do PT é bem clara nesse episódio, que possui conexões laterais com a prisão de Aldemir Bendine. O assessor de Delcídio relata as dificuldades financeiras do senador, afirma que a família está planejando vender imóveis e se desfazer de bens para custear o processo. Mercadante se dispõe a viajar para Mato Grosso do Sul para dar assistência à família. E fica nisso, porque o tom do resto da conversa é de ameaça:

"Pô, Marzagão,[85] você tem que dizer no que é que eu posso ajudar. Eu só tô aqui pra ajudar. Veja no que eu posso ajudar." O ministro explica que, se a mulher de Delcídio aceitasse conversar, ele organizaria uma visita, como ministro da Educação, em alguma universidade do Estado para ocultar o real objetivo da viagem.

José Eduardo Marzagão trabalhou com o senador por treze anos. Nos 87 dias em que o petista ficou preso, Marzagão só não fez companhia a ele uma única vez, quando foi ao casamento da filha em Fortaleza. Era Marzagão quem levava e trazia informações, providenciava alimentação e livros, ouvia histórias e compartilhava de desabafos e crises de choro. Antes de

---

85 José Eduardo Marzagão era assessor de confiança de Delcídio do Amaral.

procurar o assessor, Mercadante tentou contato com a esposa do senador. O ministro foi repelido com contundência. Maika, a esposa de Delcídio, não escondia a raiva pelo fato de o marido ter se prestado, segundo ela, a fazer serviços sujos para Lula e Dilma, como a tentativa de comprar testemunhas do Petrolão, motivo que o levou à prisão no caso de Nestor Cerveró.

A mulher também sabia que o ministro sempre fora um desafeto de Delcídio no partido. Os dois, senador e ministro, nunca foram amigos, nem mantinham relações cordiais. Por isso, Maika viu a tentativa de aproximação de Mercadante com estranhamento. Marzagão resolveu gravar o desafeto como medida de precaução. Temia ser alvo de uma armadilha tramada pelo governo a fim de desmoralizar o senador, que contou seus segredos às autoridades. O senador e seu assessor também sabiam como o Ministério Público valorizava gravações que contivessem tentativas de obstruir a Justiça.

A gravação de uma proposta de auxílio financeiro levou Delcídio à cadeia, acusado de tentar sabotar o trabalho judicial. Como Mercadante, Delcídio também queria calar uma testemunha.

Ex-chefe da Casa Civil e ex-ministro da Educação de Dilma Rousseff, Mercadante prometeu dinheiro e ajuda para que Delcídio deixasse a prisão e escapasse do processo de cassação de mandato no Senado. Tudo para que a delação premiada não acontecesse.

O ministro não tratou diretamente com o senador, que já estava sob a custódia da polícia, mas com um assessor de estrita confiança. Os dois se reuniram duas vezes no gabinete de Mercadante, no ministério da Educação. As conversas foram gravadas e entregues à Procuradoria-Geral da República.

Mercadante agiu a mando de Dilma e tentou comprar o silêncio de uma testemunha, obstruindo o trabalho da Justiça.

Não foi o primeiro. Esse foi o *modus operandi* do PT conforme as investigações foram se aproximando dos cabeças do partido. E a situação se agravou conforme a corrupção foi verificada em empreiteiras, bancos e empresas de diferentes ramos.

Mercadante, Palocci, Mantega e muitos outros são caixas-pretas que ainda podem revelar muitos outros crimes dos petistas.

Para além da corrupção de outros partidos.

O QUE DELCÍDIO FALA DE DILMA E DOS PETISTAS NA DELAÇÃO?

Para não esquecer:

"DILMA ROUSSEFF teve atuação decisiva, comprovada através das ligações mencionadas, quando da sua chegada ao Rio de Janeiro para a reunião do Conselho de Administração da Petrobras. DILMA ROUSSEFF ligou para DELCÍDIO perguntando se o NESTOR já havia sido convidado para ocupar a Diretoria Financeira da BR Distribuidora. Depois, ligou novamente, confirmando a nomeação de NESTOR para o referido cargo, o que restou concretizado na segunda-feira, 03/03/2008, quando da posse do NESTOR na BR Distribuidora e de JORGE ZELADA na área Internacional da Petrobras."

E ele prossegue:

"DELCÍDIO DO AMARAL sabe que PALOCCI é o homem que dialoga com empresários, principalmente do sistema financeiro e industrial, sempre seguindo rigorosamente as ordens de LULA. PALOCCI é a pessoa que conversa objetivamente sobre recursos (ilícitos e lícitos) de campanha e definição dos grandes negócios de interesse do PT em todo o país.

PALOCCI é, sem dúvida, a cabeça pensante do partido com relação a temas econômicos financeiros e de infraestrutura.

DELCÍDIO sabe que PALOCCI atua também como formulador de demandas dos grandes empresários junto ao Governo e ao Congresso Nacional, transitando com muita facilidade junto ao Ministério da Fazenda, por razões óbvias, bem como junto a bancos estatais e fundos de pensão (...).

DELCÍDIO DO AMARAL sabe que as três personalidades, conhecidas como 'triunvirato', detinham 'braços armados' em empresas e partidos políticos os quais atuavam como 'executivos' na implementação dos projetos, especialmente na área de infraestrutura.

Na área de energia elétrica, os principais protagonistas ('braços armados') foram ADHEMAR PALOCCI (irmão de ANTONIO PALOCCI) e VALTER CARDEAL, responsáveis, entre outros, pelos projetos do Madeira, Belo Monte e Usina Nuclear de Angra dos Reis.

DELCÍDIO sabe que VALTER CARDEAL é absolutamente vinculado à PRESIDENTE DILMA, assim como ERENICE GUERRA. Como implementadores dos projetos ilegais na área de petróleo e gás, destacavam-se PAULO ROBERTO COSTA (abastecimento), NESTOR CERVERÓ (internacional) e RENATO DUQUE (serviços). Os dois primeiros diretores eram vinculados ao PT e PMDB, e o terceiro, exclusivamente ao PT.

A despeito das eventuais divergências, existia uma harmonização das áreas ilegais dos dois grandes partidos no sentido de divisão das propinas, tal harmonização só foi possível graças à ação do triunvirato."

Palocci, Mercadante, Lula, Dilma, Mantega e muitos outros.

Todos, rigorosamente, iguais.

Envolvendo Petrobras, Caixa, BNDES, Odebrecht, JBS.

E agora até o Banco do Brasil.

12.

A FLECHA DE JANOT CONTRA SI PRÓPRIO E NOVAS GRAVAÇÕES DE JOESLEY

A MUDANÇA NA PROCURADORIA-GERAL DA REPÚBLICA E COMO RODRIGO JANOT SAIU DESMORALIZADO DO EPISÓDIO DAS NOVAS GRAVAÇÕES QUE JOESLEY BATISTA, O AÇOUGUEIRO CRIMINOSO, NÃO EXIBIU EM SUA DELAÇÃO ORIGINAL.

O presidente Michel Temer escolheu a procuradora Raquel Dodge para substituir Rodrigo Janot na PGR a partir do dia 17 de setembro de 2017. A escolha ocorre no momento mais tenso entre o presidente e Janot, pois ele deu seguimento, com aval do ministro Edson Fachin, a uma delação premiada que prometia dinamitar o seu governo.

O final da história não foi como Janot planejara.

No 12º Congresso da Associação Brasileira de Jornalismo Investigativo (Abraji), Janot deu uma palestra afirmando que "enquanto houver bambu, lá vai flecha" sobre o final de seu mandato de procurador.[86] O problema é que Rodrigo Janot pretendia "atirar uma flecha" apenas no coração do governo Temer e fechou os olhos para os outros crimes que aconteceram pelas

---

86 Informação do jornalista Pedro Venceslau, do *Estadão*. Disponível em: <http://politica.estadao.com.br/noticias/geral,enquanto-houver-bambu-vai-ter-flecha-diz-janot,70001873242>. Acesso em: 13 set. 2017.

mãos dos delatores, mesmo durante e depois da delação, e para os delitos cometidos dentro da própria PGR. A estratégia de Janot não deu certo.

Ele acabou acertando o próprio pé. A espinha dorsal desse capítulo da história é o açougueiro-criminoso chamado Joesley Batista.

AXÉ, TRAIÇÃO E CONVERSA DE BÊBADO

Joesley Batista é um sujeito detestável e de caráter mais do que contestável. A palavra "ética" inexiste no vocabulário dele. Todos, nos meios político, jurídico e empresarial, sabiam que o chefe da JBS era um sujeito amoral. Por isso mesmo, ele era o parceiro preferido de qualquer maracutaia que envolvesse as "PPPs (Parcerias Público-Privadas) do crime". Assim ele fez fortuna. Assim ele comprou empresas, políticos, amigos, parceiros, mulheres. Qualquer coisa que estivesse à venda. O trambiqueiro profissional era recebido por autoridades que fingiam não ver toda a cafonice dessa figura desprezível, afinal, Joesley até podia causar um sentimento de asco nas pessoas, mas, com a conta bancária explodindo com os milhões roubados do BNDES, os interessados na sua grana faziam vista grossa.

Ao som de Ivete Sangalo, novas gravações de Joesley Batista vieram à tona no dia 5 de setembro de 2017. As gravações foram feitas pelo executivo Ricardo Saud, um dos delatores da JBS.

Esses registros mostram duas coisas: que Joesley não contou toda a verdade sobre o que pretendia com sua delação ultrapremiada e que ele é um sujeito repugnante.

Ao som da música "Farol", o açougueiro busca acalmar Saud, que tentava gravar o deputado Ciro Nogueira do PP. E confessa que o objetivo de delatar políticos de diferentes partidos era se livrar da cadeia. Ele tinha certeza de que havia conseguido dar o golpe de mestre e obter das mãos de Janot a liberdade e a imunidade penal, tudo isso com direito a um patrimônio infindável, construído com esquemas de corrupção e às custas do povo brasileiro. "A realidade é: nós não 'vai' ser preso. Vamos fazer tudo, mas nós não vai ser preso", diz Joesley na gravação, claramente embriagado.[87]

O bêbado açougueiro ainda resolveu falar que traiu sua esposa, a jornalista Ticiana Villas Boas Batista. "Eu ando invocado de comer uma velha por aí. Acho que vou comer umas duas velhinhas de cinquenta. Casadinhas." O imoral Joesley ainda fala, com voz pastosa, de um desafio que fez a um subordinado: ou ele saía com

---

[87] A gravação de Saud foi divulgada pelo *Estadão*. Disponível em: <http://politica.estadao.com.br/noticias/geral,dialogo-de-joesley-e-saud-bebidas-mulheres-e-axe-ao-fundo,70001970953>. Acesso em: 13 set. 2017.

uma mulher até uma determinada data ou ele ia "fazer o serviço". Sexo e corrupção se misturam e Joesley afirma: "Eu já arrumei um 'viado' para dar para quem precisa".

Assumindo de vez o papel de conselheiro de Ricardo Saud, Joesley sugere ao amigo uma tática para se aproximar do então procurador da República Marcelo Miller. "Você quer conquistar o Marcelo? É só começar a chamar esse povo [políticos] de bandido. Ele vai ver que você está do lado dele."

E ainda faz um comentário sobre Rodrigo Janot, revelando seus reais planos com a delação premiada: "Nós 'vai' acabar virando amigo do Janot".

STF NAS NOVAS GRAVAÇÕES

No mesmo material colocado a público pela PGR e pela PF para averiguação, Ricardo Saud e o açougueiro Joesley mencionam ao menos três ministros do Supremo Tribunal Federal e um ex-ministro da Justiça. Em um dos trechos, Joesley Batista revela que conta com a ajuda do principal ministro do núcleo duro de Dilma Rousseff para ter o STF nas mãos. Trata-se de José Eduardo Cardozo, que foi ministro da Justiça da petista. No diálogo ele fala abertamente da influência que tem sobre o petista e os dois conversam sobre a ajuda que Cardozo pode dar para "pegar" o STF, inclusive com grampos.

> **Ricardo Saud**: [...] Temos que usar [parte inaudível] Zé Eduardo, pressionar o Zé Eduardo pra ele contar quem é o cara do Supremo...
>
> **Joesley:** [...] Se nós entregar o Zé, nós entrega o Supremo... Eu falei pro Marcelo [Marcelo Miller, o ex-procurador que participou do acordo de leniência e que agora é investigado]. Falei: Marcelo, você quer pegar o Supremo? Quer? Pega o Zé. Eu vou entregar o Executivo e você vai entregar o Zé. O Zé vai entregar um... Vou ligar e chamar ele e falar: Ô Zé, seguinte: você precisa trabalhar com a gente. Nós precisamos organizar o Supremo. A única chance que a gente tem de sobreviver. Você tem quem? Como é cada um? Qual a influência que você... nesse? Como é que a gente grampeia? O Zé vai entregar tudo.

Ainda segundo Joesley, Cardozo teria influência direta sobre cinco ministros do STF. Na gravação, o executivo Ricardo Saud ressalta que um interlocutor não identificado dizia ter "cinco ministros das mãos" se contasse com o ministro Ricardo Lewandowski.

No meio da conversa imoral de bêbados, Ricardo Saud tira sarro da suposta proximidade entre a ex-presidente Dilma Rousseff, Cardozo e a atual presidente do STF, Cármen Lúcia: "Intimidade? Eu vou te contar, eu achei que os três tavam fazendo suruba", diz o diretor, rindo. Joesley tinha certeza de que riria da cara do povo brasileiro pelo resto de sua vida. Mas os planos dele iriam por água abaixo.

As citações aos ministros do Supremo provocaram uma reação da presidente da corte, Cármen Lúcia, que determinou um dia depois do vazamento dos áudios a "investigação imediata" das menções feitas pelos delatores da JBS sobre membros do tribunal. A presidente chegou a gravar um vídeo de pouco mais de um minuto falando sobre o caso. Em um dos trechos ela diz: "Agride-se, de maneira inédita na história do país, a dignidade institucional deste Supremo Tribunal Federal e a honorabilidade de seus integrantes". E pediu "prioridade e presteza" para uma apuração "clara, profunda e definitiva das alegações, em respeito ao direito dos cidadãos brasileiros a um Judiciário honrado".

A publicidade das gravações e a reação do STF fizeram os delatores temer e tremer. Eles sabiam que não poderiam contar com a simpatia do Supremo e que, a qualquer momento, os ministros poderiam decidir pela revisão ou até pelo fim dos benefícios conseguidos no acordão de delação ultrapremiada. Joesley Batista e Ricardo Saud, orientados por seus advogados, emitiram uma nota em que confessam o que todos sabemos. São dois grandes mentirosos. Veja a nota na íntegra:

> "A todos que tomaram conhecimento da nossa conversa, por meio de áudio por nós entregue à PGR, em cumprimento ao nosso acordo de colaboração, esclarecemos que as referências feitas por nós ao excelentíssimo senhor procurador-geral da República e aos excelentíssimos senhores e senhoras ministros do Supremo Tribunal Federal não guardam nenhuma conexão com a verdade. Não temos conhecimento de nenhum ato ilícito cometido por nenhuma dessas autoridades. O que nós falamos não é verdade, pedimos as mais sinceras desculpas por este ato desrespeitoso e vergonhoso e reiteramos o nosso mais profundo respeito aos ministros e ministras do Supremo Tribunal Federal, ao procurador-geral da República e a todos os membros do Ministério Público."[88]

São canalhas!

---

88 Disponível em: <http://politica.estadao.com.br/blogs/fausto-macedo/o-que-nos-falamos-nao-e-verdade/>. Acesso em: 18 set. 2017.

MILLER E SUAS LIGAÇÕES PERIGOSAS COM JANOT

Com os grampos, a questão mais grave que veio a público foi o indício claro de favorecimento de um homem de confiança de Rodrigo Janot na formalização da delação ultrapremiada da JBS. Mais do que isso. Os fatos mostram que o ex-braço direito de Janot, amigo e parceiro do então PGR, costurou a forma como a delação deveria acontecer, orientou Joesley e Saud sobre o que entregar, o que dizer e como negociar para conseguir benefícios que escandalizaram o Brasil. O nome dele é Marcelo Miller.

Miller fez parte do grupo de trabalho da Lava Jato na Procuradoria em Brasília, de maio de 2015 a julho de 2016. Em 4 de julho de 2016, ele voltou para a Procuradoria no Rio, mas continuou como colaborador do grupo de trabalho da Lava Jato. E ofereceu serviços de advocacia para os açougueiros-mor da República.

Essa relação perigosa foi citada pelo presidente Temer no auge da denúncia que atingiu o coração do Planalto. Foi um contra-ataque pesado. O presidente da República, em um pronunciamento público e em rede nacional, disse em alto e bom som que milhões de reais rolaram por baixo do processo de delação. Temer afirmou que Miller "ganhou milhões em poucos meses", garantindo "ao seu novo patrão um acordo benevolente, uma delação que o tira das garras da Justiça, que gera uma impunidade nunca antes vista".

O caso era escandaloso. Logo depois de Miller deixar o MPF, ele apareceu como contratado pelo escritório de advocacia Trench, Rossi e Watanabe, coincidentemente o mesmo que representou a JBS nas negociações do acordo de leniência com o MPF. A reação foi imediata e, oficialmente, ele deixou a banca de advogados no dia 4 de julho de 2017.[89] Nos bastidores a informação é de que a notícia é mais uma jogada de Miller para despistar a imprensa.

Mas o fato é que o homem forte de Janot, que atuou ativamente com ele na Lava Jato entre 2014 e 2016, que tinha a função de negociar as delações premiadas, estava no olho do furacão.

E o pior ainda estava por vir.

Os novos áudios entregues pelos delatores da JBS mostram que Miller trabalhou pela JBS antes de sair da Procuradoria. Ele ajudou a construir as propostas de colaboração do acordo mais indecente da História, que viria a ser fechado. A novo áudio prova a relação espúria do ex-procurador com o bando da JBS. A conversa entre Joesley Batista e Ricardo Saud foi gravada

---

89 A informação consta no portal G1 da Globo. Disponível em: <http://g1.globo.com/politica/operacao-lava-jato/noticia/marcello-miller-chega-para-prestar-depoimento-no-rio.ghtml>. Acesso em: 13 set. 2017.

no dia 17 de março. As primeiras conversas da JBS com a PGR, para acertar a delação, ocorreram dez dias depois, no dia 27 de março.

Agora ele é investigado por ter auxiliado ilegalmente os executivos da JBS a fechar a delação ultrapremiada. Depois do novo escândalo, Rodrigo Janot jogou para a torcida e pediu a prisão de Miller. Um pedido fraco, que ele sabia que não seria atendido. E não foi. Ora, colocar Marcelo Miller atrás das grades seria expor o próprio Janot, que foi chefe do malandro. As consequências poderiam ser trágicas para o comandante do Ministério Público e até mesmo para o ministro Luiz Edson Fachin, afinal, Janot fechou o acordão dando benefícios sem fim aos bandidos da JBS e tudo foi costurado pelo braço direito dele – agora investigado – e homologado por Fachin. O caso é o mais escabroso já protagonizado pela Procuradoria-Geral da República.

A investigação segue. O ex-procurador da República prestou depoimento na Procuradoria Regional da República da 2ª Região, no centro do Rio, no dia 8 de setembro de 2017. Ele nega o óbvio.

Se for comprovado que um servidor da PGR favoreceu Joesley, Janot está em apuros. Por isso mesmo, contam com o corporativismo.

A joia da coroa de Janot, que queria a todo custo uma bala de prata para Temer, abriu o caminho para jogar o procurador em desgraça pública. A reputação da PGR, para quem acreditava nela, já era.

COM A CORDA NO PESCOÇO, JANOT DISPARA CON-TRA LULA E DILMA

Depois da atuação vergonhosa no caso de Joesley e com a corda no pescoço, Janot tentou se redimir nos seus últimos dias como procurador-geral. Ele, que ficou sentado em cima das denúncias contra Lula, Dilma e a quadrilha petista durante todo o seu mandato como procurador, resolveu limpar das gavetas. E então chegaram as denúncias contra os bandidos que montaram o esquema do Petrolão. Janot começou denunciando o "Quadrilhão do PT", e fez isso no pior momento de sua carreira, quando está claramente sob suspeição por causa das lambanças e quiçá maracutaias que fez na PGR, quando está desacreditado por todos, inclusive pela imprensa, e a menos de duas semanas de encerrar o seu triste período na chefia do Ministério Público Federal. Um fiasco.

Mirou no PT e também atirou sua flecha, que já não é mais de bambu. No máximo tem a força de um graveto.

Em 5 de setembro, o procurador-geral denunciou Lula, Dilma, Gleisi, Palocci, Edinho, Mantega, Paulo Bernardo e Vaccari. Todos os denunciados são suspeitos de "promover, constituir, financiar ou integrar, pessoalmente ou por interposta pessoa, organização criminosa", cuja pena é de três a oito anos de prisão, além de multa.

A PGR também cobra dos oito denunciados – os ex-presidentes Luiz Inácio Lula da Silva e Dilma Rousseff; os ex-ministros Antonio Palocci Filho, Guido Mantega, Edinho Silva e Paulo Bernardo; a senadora Gleisi Hoffmann, presidente nacional do PT; e o ex-tesoureiro do partido, João Vaccari Neto – indenização de R$ 6,8 bilhões, valor que inclui devolução à Petrobras do dinheiro roubado e o bloqueio de R$ 6,5 bilhões da cúpula petista.

E o PGR, afoito para criar notícia e desviar de si a atenção negativa, saiu desengavetando as denúncias, que estavam prontas há muito tempo. E a grande pergunta é: por que Rodrigo Janot não fez seu trabalho de PGR antes e não denunciou todas as quadrilhas? Façam suas apostas.

E ele seguiu com a estratégia de limpar as gavetas. No dia 6 de setembro, na data seguinte, Rodrigo Janot denunciou Lula, Dilma e Mercadante pelo crime de obstrução de Justiça. De acordo com o procurador-

-geral da República, a nova denúncia foi baseada em três situações que vieram à tona nas investigações da Lava Jato. A primeira delas foi o suposto apoio político, jurídico e financeiro, por parte de Aloizio Mercadante ao senador Delcídio do Amaral, no final de 2015, a fim de evitar que ele celebrasse acordo de colaboração premiada na operação.

Janot também menciona na acusação a troca de informações sigilosas sobre as investigações entre Dilma e a empresária Mônica Moura, mulher do marqueteiro João Santana, por meio de "contas de correio eletrônico clandestinas", entre 2015 e 2016. Por fim, o procurador-geral da República cita a nomeação de Lula, em março de 2016, para o cargo de ministro-chefe da Casa Civil, com a suposta finalidade de garantir-lhe foro privilegiado.

Com a reputação arruinada, com suas decisões em suspeição publicamente e depois de ajudar os maiores bandidos da iniciativa privada, ele deu sua penúltima cartada. Pediu ao STF as prisões de Joesley, Saud e do ex-procurador Marcelo Miller. A decisão foi tomada pelo ministro Edson Fachin, relator da Operação Lava Jato no STF, durante o final de semana. Joesley e Saud se entregaram no domingo à Polícia Federal, em São Paulo, e foram levados para um presídio em Brasília. Já com relação a Miller, o pedido foi negado. E foi costurado para isso, conforme já expliquei aqui. Prender Miller é demolir Janot, e pode sobrar até para Fachin.

Agora o próximo passo que o Brasil espera é ver os benefícios dados aos irmãos Batista e Ricardo Saud no acordo de ultradelação premiada suspensos. É o mínimo que se espera da Justiça.

Dessa forma, depois de dar uma flechada em si mesmo apoiando Joesley e deixando-o livre de todos os crimes, Rodrigo Janot tenta juntar os cacos e se livrar da imagem de que beneficiou o PT no Supremo, colocando Lula e Dilma na Justiça.

Vai remediar os danos que ele mesmo provocou à sua imagem? Difícil dizer.

Ninguém vai se esquecer de como ele tentou ajudar o açougueiro-geral pornográfico da República, Dilma, Lula e o bando do PT.

A DESMORALIZAÇÃO DE JANOT E A PRISÃO DE JOESLEY BATISTA

A decadência da República ganhou traços tragicômicos antes do seu desfecho.

Rodrigo Janot e o advogado Pierpaolo Bottini, que defendeu Joesley Batista, tiveram um encontro fora da agenda num boteco de Brasília, num sábado, dia 9 de setembro de 2017. Na ocasião, uma testemunha diz que ambos conversaram por mais de vinte minutos. Para não chamar atenção, os dois escolheram uma mesa de canto, ao lado de uma pilha de caixas de cerveja.

O procurador-geral Janot não tirou os óculos escuros. Bottini confirmou o encontro e disse que foi "casual". Deu sua explicação para o evento: "Na minha última ida a Brasília, este fim de semana, cruzei casualmente com o procurador-geral da República, Rodrigo Janot, num local público e frequentado da capital. Por uma questão de gentileza, nos cumprimentamos e trocamos algumas palavras, de forma cordial. Não tratamos de qualquer questão outra ou afeita a temas jurídicos. Foi uma demonstração de que as diferenças no campo judicial não devem extrapolar para a ausência de cordialidade no plano das relações pessoais".

O ministro Luiz Edson Fachin autorizou a prisão temporária dos delatores Joesley Batista e Ricardo Saud. A decisão foi tomada com base no pedido de prisão apresentado no dia 8 de setembro por Rodrigo Janot. O procurador-geral havia pedido, ainda, a prisão do ex- -procurador Marcello Miller, que foi seu braço direito.

O encarceramento dos delatores foi motivo de comemoração na frente da sede da Polícia Federal, em São Paulo.

Até o fim, o açougueiro Joesley Batista acreditou que escaparia ileso. Somente no dia anterior aceitou a cadeia e se entregou. Pensou em ir de jatinho, mas o movimento poderia ser lido como uma tentativa de fuga. Foi de carro da casa dos pais até a carceragem da Polícia Federal.

Esse foi o fim da canalhice de Joesley e de delatores da JBS que acharam que poderiam corromper políticos e a própria Justiça para se isentar dos seus crimes.

13.

AS DELAÇÕES DE ANTONIO PALOCCI E LÚCIO FUNARO

Delação premiada do "italiano" que acaba com o chefão do Petrolão, Lula. E uma colaboração premiada que corrói políticos próximos ao presidente Michel Temer.

Janot e seu açougueiro Joesley, da JBS, pareciam acabar com a Lava Jato sozinhos, mas Sérgio Moro e os procuradores do meu Paraná trariam uma surpresa que finalmente pegaria o grande chefe do Petrolão. Um importante integrante do petismo daria fim aos laços com o partido contando a verdade sobre o seu envolvimento nos crimes em série, enquanto um homem ligado a Eduardo Cunha contaria o que sabia.

PT e PMDB estariam em xeque de novo, exibindo as entranhas criminosas dos bandidos.

PALOCCI E O FIM DA "OMERTÀ" DE LULA

O ex-ministro da Fazenda de Luiz Inácio Lula da Silva e ex-titular da pasta da Casa Civil de Dilma, Antonio Palocci, sempre se descreveu como um homem sortudo. Médico de formação, trotskista na juventude, foi um dos três homens mais poderosos da era petista no Governo Federal, ao lado de José Dirceu e de Guido Mantega.

Começou como vereador em Ribeirão Preto, em 1988. Tornou-se prefeito da cidade e mergulhou de cabeça na campanha presidencial de Lula em 2002. Não esperava ser escolhido pelo grande líder do PT como titular da Fazenda, herdando um cargo-chave do governo, mas entrou com tudo e fez o pacto via "Carta aos Brasileiros" para tentar provar que os petistas não seriam ruins na gestão. Enganou muita gente do mercado.

No dia 25 de fevereiro de 2008, a PGR denunciou Palocci ao STF por quebra de sigilo bancário no episódio envolvendo o caseiro Francenildo Costa. Ele havia renunciado ao cargo no governo Lula dois anos antes por conta do caseiro e foi substituído por Guido Mantega na Fazenda. Também foram denunciados o ex-presidente da Caixa, Jorge Mattoso, e o ex-assessor de imprensa de Palocci e jornalista da revista *Época*, Marcelo Netto. Com essa denúncia, o deputado Palocci passou a ser réu na acusação de ter ordenado a quebra de sigilo bancário do caseiro.

Ele foi julgado pelo Supremo Tribunal Federal e correu o risco de perder seus direitos políticos e a possibilidade de candidatura a mandatos futuros. O julgamento ocorreu em agosto de 2009 e Antonio Palocci foi inocentado.

Fora do governo, em pleno Mensalão e depois durante o julgamento da companheirada, como foi o caso do próprio Dirceu, Palocci se dedicou à consultoria de grandes empresas como a Amil, do empresário Edson de Godoy Bueno.[90] Forte no boca a boca dos empresários, foi assim que ele voltou criminosamente ao governo Dilma Rousseff como ministro-chefe da Casa Civil. Acusado de enriquecimento ilícito, saiu na "limpeza *fake*" que Dilma fez no pior governo da história da República. Ele renunciou ao cargo e também saiu do conselho da Petrobras.

No ano de 2015, a Polícia Federal abriu um inquérito para investigar Antonio Palocci pelo recebimento de R$ 2 milhões para a campanha de Dilma Rousseff do ano de 2010. A medida foi tomada por ordem do juiz federal Sérgio Fernando Moro, que conduz a Operação Lava Jato em Curitiba.

Em 26 de setembro de 2016, Palocci enfim foi preso pela PF, a pedido desta e com autorização do juiz

---

90 A informação consta numa reportagem da revista *Exame*. Disponível em: <http://exame.abril.com.br/revista-exame/governo-saudade-zero/>. Acesso em: 13 set. 2017.

Moro, na 35ª fase da Lava Jato, batizada de "Omertà". Também foram presos seus ex-assessores Juscelino Dourado e Branislav Kontic, que atuavam como operadores e laranjas. Naquela mesma operação a Justiça Federal decretou o bloqueio de R$ 128 milhões em contas bancárias do ex-ministro, mas foram localizados aproximadamente R$ 61,7 milhões, sendo R$ 30 milhões da empresa Projeto Consultoria Empresarial Financeira, que pertence ao ex-ministro, e os outros R$ 31 milhões em contas de investimento.

Um ano depois, em 26 de junho de 2017, Antonio Palocci foi condenado pelo juiz Sérgio Moro a doze anos de prisão.

Foi a partir desse momento que trocou seu time de advogados e decidiu falar.

"Omertà" é uma expressão italiana que significa "pacto de silêncio". Era comum o silêncio nas máfias da Itália visando proteger os grandes chefes. Foi justamente isso que Palocci fez para proteger Lula. Um dos grandes articuladores do caixa do PT no governo era ele. O outro era Guido Mantega, que chegou a ter o pedido de prisão expedido, mas não ficou nem um dia encarcerado na Lava Jato.[91]

91 Em 22 de setembro, Mantega foi preso na 34ª fase da Operação Lava Jato, batizada de Arquivo X, e foi solto no mesmo dia. Na mesma decisão que o prendeu, a Justiça Federal bloqueou R$ 10 milhões em ativos e em contas de investimentos bancários. Essa decisão foi mantida, após a revogação da prisão, em razão da doença de sua esposa.

Em 2017, Palocci decidiu rasgar a sua *omertà* e falar quem realmente é Luiz Inácio Lula da Silva. O silêncio acabou. A mamata também.

Depois de uma longa negociação, no dia 6 de setembro Antonio Palocci deu uma amostra do que pode ser a sua delação premiada. E deu detalhes sórdidos do ex-presidente.

O ex-ministro Palocci revelou um "pacto de sangue" da propina envolvendo Lula. Ele foi interrogado por Sérgio Moro na ação penal em que é réu por corrupção e lavagem de dinheiro. O ex-presidente também é acusado nesse processo, pelos mesmos crimes.

De forma detalhada, Palocci confessou delitos e revelou que existiu um repasse criminoso de R$ 300 milhões da empreiteira Odebrecht para o quadrilhão do PT.

O pacto seria justamente a transferência milionária de verba para o projeto criminoso de poder.

O acordo era formado por um colegiado do qual o próprio Lula fazia parte. Palocci também afirmou a existência de reuniões até no apartamento de Lula, em São Bernardo do Campo. Inocentou a falecida primeira dama Marisa Letícia e funcionários que teve na época de campanha dos ex-presidentes Lula e Dilma, assumindo a responsabilidade pelas negociações criminosas com a empreiteira.

Numa acusação direta, o ex-ministro colocou o ex-presidente na mira da Justiça.

Ao ser ouvido pelo juiz Sérgio Moro, da 13ª Vara Federal de Curitiba, Palocci disse ainda que Lula recebeu, pessoalmente, R$ 4 milhões em espécie. As informações foram dadas por seus advogados.

Ele e Antonio Palocci conversavam sobre o andamento do caixa do PT. Encurralado pela Justiça e por Moro, Palocci enfim resolveu relatar seus crimes.

Mantega, seu sucessor na pasta da Fazenda, ainda pode ser preso pela Lava Jato. Sua delação teria um potencial para derreter a defesa de Lula na Justiça, que já foi implodida por Palocci.

FUNARO E AS SUPOSTAS NEGOCIAÇÕES DO IMPEACHMENT

Enquanto Antonio Palocci detonava os maiores criminosos do país, a quadrilha de que fez parte nos últimos dez anos, Lúcio Bolonha Funaro contou, em delação premiada, que entregou a Eduardo Cunha dinheiro para comprar o voto de deputados às vésperas do impeachment de Dilma Rousseff. As informações foram divulgadas pelo jornalista Robson Bonin e pela equipe de reportagem da revista *Veja* em setembro, que tiveram acesso ao roteiro da delação.[92]

Eduardo Cunha, que aceitou o impeachment de Dilma, teria enviado uma mensagem a Funaro, seu operador, perguntando se ele teria disponibilidade de recursos para comprar os votos necessários para que a Câmara aprovasse a abertura do processo. Sem outros detalhes, Funaro diz que disponibilizou o dinheiro. Ele também confirmou que recebeu dinheiro do açougueiro criminoso Joesley Batista para que ficasse em silêncio sobre as histórias de figuras do PMDB.

Funaro então disparou contra figuras do partido que foi base de sustentação do PT.

Na sua delação premiada, Lúcio Funaro entregou aos investigadores documentos contra três dos mais importantes aliados do presidente Temer: Henrique Eduardo Alves, ex-ministro do Turismo; Moreira Franco, o atual chefe da Secretaria-Geral da Presidência e o então ministro mais poderoso do Palácio do Planalto; e o ex-ministro Geddel Vieira Lima, amigo íntimo do presidente, em cujo apartamento, em Salvador, a polícia apreendeu R$ 51 milhões, a maior apreensão de dinheiro em espécie da história da PF.

---

92 As informações constam no site da *Veja*. Disponível em: <http://veja. abril.com.br/politica/delacao-de-funaro-temer-recebeu-e-intermediou-propinas/amp/07/09/17/>. Acesso em: 17 set. 2017.

O delator e operador citou os três em fraudes milionárias que envolviam os cofres da Caixa Econômica Federal. O delator conta que, em apenas uma operação, realizada com o grupo Bertin em 2009, o ministro Moreira Franco ficou com R$ 6 milhões.

Em depoimento, Funaro também afirmou que o presidente Michel Temer recebeu propina de R$ 20 milhões do dono da Gol, Henrique Constantino. A suposta propina teria sido paga em horas de voo na campanha eleitoral de 2014 em troca de apoio ao projeto de abertura do setor aéreo ao capital estrangeiro.

Lúcio Funaro diz que nunca conversou sobre valores diretamente com Temer, uma vez que essa tarefa cabia a Cunha, no entanto, deu garantias de que o presidente "sempre soube" dos esquemas ilícitos comandados pelo ex-deputado líder da Câmara. Para o delator, Temer foi beneficiário de pelos menos dois repasses de uma suposta "conta-propina" gerenciada por Cunha: um de R$ 7 milhões da empresa JBS, repartido com outros agentes públicos, e outro de R$ 1,5 milhão do grupo Bertin, empresa de infraestrutura, energia e agronegócio associada às empresas de Joesley Batista.

Funaro se comprometeu a pagar uma multa de R$ 45 milhões e o valor será dividido em dez vezes. O delator também acertou que permanecerá preso até janeiro de 2018. A pena acordada foi de dois anos em regime fechado e com progressão para prisão domiciliar, onde passará mais seis meses. Preso em julho do ano passado, Funaro já cumpriu um ano e dois meses. Se fosse cumprir os dois anos, Funaro só sairia em julho de 2018, mas, como serão descontados desse período o tempo que ganha com leitura de livros e inscrição em cursos, ele conseguiu antecipar a saída em pelo menos seis meses. As informações são de pessoas ligadas à negociação.

Tudo isso compromete o entorno de Temer, enquanto o PT também recebe a artilharia pesada da Lava Jato.

51 MILHÕES E PRISÃO DE GEDDEL VIEIRA LIMA

Geddel Quadros Vieira Lima, 58 anos, é um administrador de empresas, pecuarista, cacauicultor e político brasileiro, filiado ao PMDB. Ex-deputado federal eleito cinco vezes consecutivas pelo PMDB da Bahia, foi ministro da Integração Nacional do governo Lula, vice-presidente de Pessoa Jurídica da Caixa Econômica Federal, no governo Dilma e ministro da Secretaria de Governo sob a gestão Michel Temer, tendo sido demitido após seis meses no governo, após virem a público denúncias de corrupção feitas por outro ministro de Temer, Marcelo Calero.

Ele esteve envolvido anteriormente no escândalo dos Anões do Orçamento, em 1993. O esquema de corrupção era comandado pelo deputado baiano José Alves, que ficou conhecido por alegar ter ganhado 56 vezes na loteria apenas em 1993. Geddel era apoiador político de João Alves e cuidou da liberação de várias emendas para ele. Foi acusado também de ter recebido verba de empreiteiras.

No mês de novembro de 2016, esteve envolvido na saída do então ministro da Cultura, Marcelo Calero. Calero afirmou à Polícia Federal que teria sido pressionado por Geddel, Temer e outros membros do governo para rever decisão do Iphan (Instituto do Patrimônio Histórico e Artístico Nacional) em que foi negada licença para um empreendimento imobiliário na Bahia, no qual adquirira um apartamento. Ele negou a acusação. No dia 25 do mesmo mês, Geddel Vieira Lima se demitiu do governo.

Naquele mesmo ano, mensagens apreendidas pela Operação Lava Jato mostraram que Geddel pode ter usado sua influência política para atuar em favor de interesses da construtora OAS dentro da Caixa, na Secretaria de Aviação Civil e junto à Prefeitura de Salvador.

Em janeiro de 2017, foi alvo da operação da Polícia Federal batizada de "Cui Bono?". Segundo a PF, o nome da operação é uma referência a uma expressão em latim que significa "a quem beneficia?". A operação é um desdobramento da Operação Catilinárias, parte da Lava Jato. No dia 3 de julho, Geddel Vieira Lima foi preso pela Polícia Federal na Bahia. A prisão ocorreu em caráter preventivo, com base nas delações do doleiro Lúcio Bolonha Funaro, do empresário Joesley Batista e do diretor jurídico do grupo J&F, Francisco de Assis e Silva, por supostamente agir para atrapalhar as investigações.

Em 12 de julho de 2017, foi solto pela segunda instância da Justiça Federal em Brasília para cumprir pena em prisão domiciliar. A decisão foi proferida pelo desembargador Ney Bello, motivada por um pedido de liberdade feito pela defesa de Geddel. Um grande erro que ficaria comprovado em poucos dias.

Em 5 de setembro de 2017, a Polícia Federal fez uma apreensão que parecia coisa de cinema. A batida policial foi ordenada pelo juiz Valisney Oliveira, de Brasília. Era inacreditável, mas Geddel tinha guardado num apartamento em Salvador oito malas e quatro caixas de dinheiro, escondidas numa espécie de *bunker*,[93] que somavam R$ 51 milhões, valor maior do que o de qualquer assalto já registrado em nosso país. A Operação Tesouro Perdido era um desdobramento da Cui Bono. Geddel se transformou no "Ali Babá" do Brasil.

___
93 Expressão em inglês para "abrigo subterrâneo".

Nunca antes na história deste país se viu tanto dinheiro vivo roubado nas mãos de uma só pessoa. O "Ali Babá tupiniquim era pau para toda obra da corrupção. Do PT ao PMDB, ele operava com grande maestria. Geddel foi ministro do governo Lula por três anos. Na gestão de Dilma, esteve no comando da área de liberação de empréstimos para empresas na Caixa Econômica Federal durante dois anos. E foi ministro de Temer por seis meses. Geddel é fiel aos seus princípios: roubar em qualquer governo. Aliás, a apreensão dos R$ 51 milhões e a posterior prisão de Geddel foram decorrentes da investigação do caso Caixa, que ocorreu no "santo" governo Dilma. Um relatório anterior da Polícia Federal já havia apontado que o ex-ministro do PMDB da Bahia atuava "em prévio e harmônico ajuste" com o ex-presidente da Câmara, o deputado cassado Eduardo Cunha (PMDB-RJ), para facilitar a liberação de empréstimos da Caixa Econômica Federal a empresas e, em troca, receber propina na era Dilma. A Operação Cui Bono apura o assalto à Caixa Econômica Federal.

Segundo as investigações, Geddel pediu o apartamento a um parceiro com a desculpa de "guardar pertences do pai falecido". Geddel imitou Lula ao desrespeitar a memória de um ente querido da família. Essa gente não respeita ninguém.

Pela grande quantidade de dinheiro, mesmo utilizando máquinas, a PF levou catorze horas para contá-lo. O valor chamou tanto a atenção que virou comparativo no mercado da corrupção, uma espécie de moeda oficial. Um Geddel valia R$ 51 milhões, ou 102 Loures. Lembre-se que Rodrigo da Rocha Loures foi preso com uma mala de R$ 500 mil. Perto de Geddel, o ex-assessor de Temer virou ladrão de galinhas.

No dia 8 de setembro de 2017, Geddel voltou a ser preso preventivamente pela PF, pela segunda vez no ano. O pedido foi feito pela instituição após o cumprimento de mandado de busca e apreensão no *bunker*.

Geddel promete fazer delação premiada. Mas podemos deduzir algumas coisas.

Dólar na cueca é coisa do passado. Uma mala de dinheiro é coisa de batedor de carteira no mundo político e a vergonha na cara anda em falta na patota.

AS DELAÇÕES E A DIMENSÃO DA OPERAÇÃO

Entre a Lava Jato em primeira instância do juiz Sérgio Moro e a Procuradoria-Geral da República, foram mais de 65 acordos de delação premiada. Quarenta e sete inquéritos foram instaurados pelo STF, resultando em 118 mandados de busca e apreensão.

Considerando apenas Curitiba, foram 1.177 procedimentos instaurados, com 574 mandados.

Não há operação comparável à Lava Jato em dimensão e importância na história política brasileira.

E isso nos leva a algumas conclusões.

14.

CONCLUSÃO: NÃO SOBRA NINGUÉM. PRECISAMOS RECONSTRUIR O SISTEMA

A CORRUPÇÃO É MULTIPARTIDÁRIA. UNS ROUBAM O POVO PARA ENRIQUECER; OUTROS, PARA MANTER PROJETOS CRIMINOSOS DE PODER; E AINDA HÁ AQUELES QUE ROUBAM PELAS DUAS COISAS, COMO O PT. O QUE A OPERAÇÃO LAVA JATO NOS DEIXA É A CERTEZA DE QUE A LEI PODE SER PARA TODOS. QUE O COMBATE INCESSANTE À CORRUPÇÃO SEJA UMA NOVA MARCA NO BRASIL

Delatores é um livro que não trata apenas de empresários e de companhias públicas e privadas que fizeram parte do esquema de corrupção do Petrolão e caíram na Operação Lava Jato, que chegou para escancarar e sanear essa roubalheira. Meu trabalho aqui também foi contar a história de seres humanos que, para salvar suas peles, conseguir reduzir suas penas, por um sopro de ética ou pura e simplesmente por instinto de sobrevivência, influíram nos processos que mudaram a história da República do Brasil. Pouco importa aqui a motivação dos delatores. Lembrem-se de que os colaboradores em sua maioria são também bandidos, sócios de crimes, e que entregam peixes maiores do esquema que jamais seriam pegos sem as colaborações. Então, o que importa são as informações, posteriormente comprovadas, que ajudaram a jogar luz no esgoto de corrupção que corria solto pelo nosso país.

Meus críticos, dentro e fora da imprensa, me acusam de ser parcial, assim como fazem com a força-tarefa de Deltan Dallagnol e o trabalho solitário e duro do juiz de primeira instância Sérgio Moro. Já disse nos meus vídeos mais de uma vez que sim, sou parcial, sempre fui e sempre serei. Sempre opto por um lado, o lado da verdade, da justiça, do combate à corrupção. Imparcialidade da imprensa é uma mentira politicamente correta que inventaram para você. Vamos lá. Como ser imparcial em casos que envolvem corruptos e corruptores? Isso é eufemismo para covardia. Eu não sou covarde e assumo meu ponto de vista. E, para o desespero de muitos, o tempo, sempre ele, está provando que minhas convicções, minha "parcialidade" e minhas sapatadas nos corruptos estavam certas. A honestidade vale a pena. O preço que pago é alto, mas não abro mão dos meus princípios.

Neste livro conto as histórias dos homens e mulheres que participaram das maiores sujeiras políticas da História, que ajudaram a jogar o Brasil e os brasileiros no abismo onde nos encontramos atualmente, mas que depois de sentirem o peso da Lava Jato resolveram abrir a boca. Os motivos dessa gente podem ser questionados, mas, sem dúvida, por bem ou por mal eles ajudaram nas investigações. Os resultados das delações estão aí.

O ex-presidente Luiz Inácio Lula da Silva foi condenado, em primeira instância, a nove anos e seis meses de cadeia pelo juiz Moro no dia 12 de julho de 2017. O magistrado pediu a cassação dos direitos de Lula para exercer cargos públicos, como diretorias de estatais, por dezenove anos. O processo ainda corre e o ex-presidente recorre em liberdade, embora o juiz tenha pensado em prendê-lo para evitar obstrução jurídica. O petista já é, portanto, o que eu chamo nos meus vídeos e em *Os Pingos Nos Is*, na Jovem Pan, de "semipresidiário", um candidato perfeito à Papuda em 2018.

Lula precisa pagar pelos crimes que cometeu. O Brasil sofre com o legado deixado pela quadrilha petista. São 14 milhões de desempregados, uma violência sem limites, estudantes que foram doutrinados dentro da escola, a cultura do nosso país pervertida e usada para espalhar as ideias da esquerda, o ataque às liberdades, o saque às estatais, o país loteado entre políticos corruptos, as instituições dominadas por seguidores desse bando. O prejuízo deixado pelo PT e seus aliados é tão grande que levaremos décadas para conseguir limpar e reconstruir, ao menos em parte, o Brasil.

Bem, o futuro de Lula está nas mãos da segunda instância, do Tribunal Regional Federal da 4ª Região

(Sul), de Porto Alegre. O destino político que implodiu a própria biografia e o nosso país vai ser decidido por um colegiado formado por João Pedro Gebran, Leonardo Paulsen e Victor Luiz Laus. Lula desesperadamente tenta ser candidato para ganhar foro privilegiado. Bobagem. Ele não conseguirá. Os magistrados terão bom senso para não deixar o Lularápio[94] concorrer novamente, pô-lo atrás das grades e interromper sua trajetória de crimes.

Mas a punição do maior líder do PT, que já começou com a condenação e que será intensificada com a prisão, foi só um dos começos de mudança na sociedade brasileira. As investigações atingem a todos os envolvidos ou supostamente envolvidos em esquemas de corrupção. E tem que ser assim. O presidente Michel Temer e seu núcleo duro são alvos de investigações, bem como diferentes setores do governo. O PSDB também não escapou, sobretudo Aécio Neves, que tem muito a explicar à Justiça. Ele foi acusado de pedir R$ 2 milhões em propina. O primo foi preso. A irmã também. O primo e a irmã foram soltos e Aécio Neves permaneceu impune por decisões do nosso STF até o momento. Coisas da nossa Justiça. Mas Aécio, citado na delação premiada de Joesley Batista, será enterrado pela própria história. O homem que se apresentou

---

94 Meu apelido carinhoso para Luiz Inácio Lula da Silva.

como alternativa ao PT em 2014, como oposição, caiu. Aécio perdeu força. Morreu politicamente. Por mais que um acordão o mantenha senador, o atual mandato vai acabar. Aécio virou pó. Não sobra ninguém.

Não cabe a nós, portanto, somente comemorar as decisões muito bem tomadas pelo juiz Moro. Temos que lutar pela construção de uma sociedade ética, pautada pela decência, pelo respeito ao que é público e privado, pelas boas atuações do Ministério Público, das Polícias e do Judiciário, como foi o caso da Lava Jato, um ponto fora da curva, como bem define Sérgio Moro. Queremos que operações sérias como a Lava Jato de Curitiba sejam regra e não exceção. Claro que há erros cometidos dentro dos órgãos de investigação, claro que há maçãs podres em todos os lugares, afinal, falamos de seres humanos. Marcelo Miller e Rodrigo Janot estão aí para comprovar a teoria. Então, se a lei é para todos, é também para quem está dentro dos órgãos de investigação. Autoridades que desrespeitam a lei e envergonham as instituições têm de ser punidas, na minha opinião, com um rigor ainda maior, mas as instituições em si têm de ser preservadas. Caso contrário, viveremos numa anarquia absoluta.

No dia 14 de setembro de 2017, o procurador-geral da República, Rodrigo Janot, denunciou ao STF os integrantes do chamado "PMDB da Câmara" pelo crime de organização criminosa. São acusados o presidente da República, Michel Temer; Eduardo Cunha; Henrique Alves; Geddel Vieira Lima; Rodrigo Loures; Eliseu Padilha; Moreira Franco. Essa foi a segunda e última denúncia de Janot até o momento com relação ao presidente Temer, antes de sair da chefia da PGR.

O BOM LEGADO DAS DELAÇÕES PREMIADAS

Embora não sejam 100% eficientes, as delações foram o recurso que permitiu que os brasileiros descobrissem cada vez mais como funciona realmente a política brasileira e sua relação com as grandes empresas prestadoras de serviços ao poder público. E não é nada bonito o que vimos.

O método da delação não é perfeito, mas ele permite que congressistas, empresários e criminosos de diferentes áreas entreguem o funcionamento de seus esquemas. Um integrante de quadrilha entrega os comparsas, com informações e provas, e assim o crime é desvendado. É uma troca. Eles buscam redução de pena e desejam a liberdade e até mesmo continuar no mercado, efetuando contratos com o poder público, o que é possível com os acordos de leniência.

Nem todas as pessoas retratadas neste livro fizeram delação premiada ou beneficiaram diretamente as investigações que ocorreram e ganharam força a partir de 2014. No entanto, a ascensão e a queda desses homens de negócios sujos explicam didaticamente quem eram as pessoas envolvidas nos esquemas de corrupção, como era formado o outro braço do esquema. Lembrem-se, corrupção se faz com corrupto e corruptor em plena sintonia para delinquir.

A ideia era contar, desde o primeiro denunciante – no caso, Hermes Magnus – até delatores como Joesley Batista, como era o funcionamento dos esquemas dentro da Petrobras, de empresas envolvidas e como os políticos atuavam no sistema.

E para entender melhor a história policial e política, sugiro que você leia os trechos das delações premiadas selecionados nos anexos.

A reconstrução do Brasil depende de cada um de nós. Graças às delações premiadas, tivemos réus confessos que mostraram desvios bilionários na Petrobras e até um "departamento de propinas" que transformou e prostituiu claramente as relações entre política e iniciativa privada.

Tivemos bons exemplos nesse processo de depuração, como foi o caso de Sérgio Moro e Deltan Dallagnol, que já entraram para a História, mas mudança real e definitiva virá de histórias comuns de gente que não pratica nenhum tipo de corrupção, nem compactua com ela. Os princípios da boa educação dentro de casa têm de ser aplicados à política, ao Judiciário, à iniciativa privada. A corrupção precisa passar a ser o ponto fora da curva, e não a regra, como ainda é hoje. Só há um jeito de mudar. Temos que ser intolerantes com os desvios de conduta e atuar duramente na fiscalização da atuação dos nossos representantes em todos os poderes. E mais. Para conseguirmos sucesso no combate à corrupção, precisamos fechar as torneiras e brechas gigantescas que temos hoje no Brasil. É preciso diminuir as oportunidades dos corruptos e corruptores. Reduzir o mercado de atuação dessa gente. E você me pergunta: como? Simples. Um bom começo é reduzir de forma substancial o Estado. Estatais no Brasil servem apenas para alimentar esquemas como o Petrolão. Mas esse é um tema para um próximo livro.

Repito o que escrevi em trabalhos anteriores: inovação e modernidade não combinam com corrupção. O dinheiro do contribuinte precisa ser respeitado, assim como a sua individualidade não pode ser controlada pelo governo. Devemos construir uma sociedade brasileira pautada na liberdade e na conservação dos grandes valores morais e éticos.

É chegada a hora para que o Brasil deixe o atraso e se torne uma vanguarda nas boas políticas públicas.

ANEXOS

– Documento de distrato do denunciante Hermes Magnus envolvendo o ex-deputado José Janene, dado com EXCLUSIVIDADE ao livro *Delatores*. De 26 de dezembro de 2008.

NOTIFICAÇÃO E OUTRAS COLOCAÇÕES

O presente documento visa informar a empresa CSA Project Finance, José Mohamed Janene e outros, sobre:

Conforme descrito no Memorando de Entendimentos entre Dunel Indústria e Comércio S/C Ltda., Hermes Freitas Magnus ME e CSA Project Finance Ltda., a vigência do referido era de 180 dias. Hoje, portanto, está encerrado (*Salvo termo de confidencialidade, que é de dois anos).

Conforme pactuado no referido documento, após esse período seria constituída uma nova sociedade com 50% para cada grupo, sendo divididos: 25% para Dunel Indústria e Comércio, 25% para Hermes Freitas Magnus ME e 50% para CSA Project Finance. Para tanto, no decorrer dos 180 dias, a CSA, Dunel e Hermes

Freitas Magnus ME fariam a gestão e preparação das tecnologias e instalação de uma nova planta fabril. Entretanto, devido a algumas irregularidades apuradas no decorrer da parceria, decidimos não mais levar adiante o Projeto.

A. OMISSÃO

O Memorando de Entendimentos, elaborado pela CSA Project Finance, omitiu informações importantes quanto à operação, desencadeando entraves para o bom andamento dos trabalhos. Quais sejam:

1. Que o valor aportado não seria contabilizado na empresa Dunel Indústria e Comércio (empresa escolhida para operar nesse período de seis meses por meio da filial 0002-08), o que justificaria a compra de máquinas e equipamentos em seu nome. Até hoje as máquinas e equipamentos adquiridos em nome da Dunel não foram integralizados.

2. Origem dos recursos aportados. Em nenhum momento a CSA Project Finance explicitou que terceiros à relação (quebra parcial de contrato de sigilo) fariam os depósitos para pagamento de compra de máquinas e equipamentos em nome de Dunel Indústria e Comércio. Conforme descrito nas declarações em anexo e questionadas pelo fornecedor FERRAMENTAS

GERAIS S/A (com destaque às empresas Angel e Torre, ambas de Brasília, DF). A empresa MITUTOYO América Latina, inclusive, questionou quanto aos depósitos, diversos, feitos em caixas eletrônicos, em espécie, fora do horário comercial. (Evidentemente todas essas empresas, se caírem na malha fina, denunciarão a origem dos valores como sendo da Dunel Indústria e Comércio.) Além de vários outros pagamentos feitos em espécie e não contabilizados, tais como folhas de pagamentos.

Todas essas operações continuam descobertas e não contabilizadas, mas todas, na forma de caixa dois, divulgadas pelo agente da CSA, Sr. José Janene, como investimentos na empresa.

Nota: Esse problema não seria nosso se:

I. A CSA efetuasse os pagamentos usando o seu CNPJ como identificador.

II. Se as empresas envolvidas e os depositantes não se identificassem a terceiros. Referimo-nos às declarações enviadas em anexo aos seguintes destinatários nas seguintes formas:

– Por fax e por Sedex para Ferramentas Gerais Porto Alegre;

– Por e-mail para Hermes Freitas Magnus;

– Por fax à Dunel Indústria;

– Por e-mail (de quem recebemos) ao vendedor da Ferramentas Gerais em Londrina, Sr. Marcos Alves;

– Por e-mail à Ferramentas Gerais, filial em Curitiba, PR.

Esse fato denota que o contrato de sigilo é unilateral (não sabemos quem mais possui essas informações).

Para nos preservarmos, em algum momento deveremos prestar ao fisco informações exatas sob pena de respondermos por falsa informação ao fisco, crime de sonegação fiscal e lavagem de dinheiro.

3. Que, segundo o Sr. José Janene, os equipamentos adquiridos em nome de Dunel Indústria e Comércio deveriam ser transferidos para a locadora RENACAR, do seu irmão (revogando completamente esses investimentos). A transferência de tal ativo deve ser feita à CSA ou aos depositantes dos valores para aquisição desses bens e somente após a devida integralização à Dunel Indústria e Comércio Ltda.

4. O Memorando de Entendimentos estipulava que, após a instalação do parque industrial, deverá ser contratado imediatamente um engenheiro de produção (PCP), o qual será indicado pela MAGNUS. No entanto, para esse cargo, por nós considerado um dos mais importantes da empresa, foi contratada uma pessoa sem

habilidade técnica e sem formação profissional adequada para a função: o Sr. Meheidin Hussein Jenani, primo do Sr. José Janene. Essa contratação desestabilizou significativamente o setor produtivo, tendo havido momentos de grande tensão em que esse senhor foi extremamente grosseiro, chegando a gritar algumas vezes com o sócio Hermes Magnus na frente de subalternos. Sua posição autoritária chegou a tal ponto que os funcionários passaram a ignorar as orientações do sócio Hermes Magnus, seguindo apenas o gerente de produção, o que causou inúmeros erros de usinagem, montagem e, por conseguinte, atraso de entregas.

5. A CSA Project Finance não informou que terceiros à sociedade iriam imprimir regras à empresa. Após o início dos trabalhos, a direção comercial foi entregue à Sra. Danielle Janene, que, sem ser da área técnica, por conta e risco, centralizou o contato com os clientes, inclusive exigindo que o e-mail hermesmagnus@dunel.com, usado há quase oito anos para contatos comerciais, fosse antes triado por ela. E assim foi feito. Todos os e-mails da Dunel passaram a ser direcionados para a Sra. Danielle Janene. Essa operação afastou boa parte dos clientes, pelo fato de ela não saber falar a mesma língua do mundo da certificação.

Outro fato a destacar é a ligação entre o sobrenome da diretora comercial referida e os problemas do seu pai, Sr. José Janene. Um cliente procurou no Google o nome da Sra. Danielle Janene e ligou para Hermes Magnus horrorizado com as informações que encontrou, não só sobre ela, mas sobre Meheidin e José Janene, bem como todos os assessores que possuem problemas com a Justiça, em diversas instâncias. Quase sempre por lavagem de dinheiro. Esse fato era desconhecido pelos sócios Maria Teodora e Hermes Magnus até então.

O referido sócio (de fato) da CSA, José Janene, fez algumas vezes linha de frente na área comercial conversando diretamente com alguns clientes que simplesmente não mais contemplaram a Dunel com novos pedidos.

6. Não cumprimento de parte dos acordos de pagamentos a credores, com destaque para Marco Antonio Moretti. Apresentação da prestação de contas sobre o destrato com a Sra. Regina Munia.

B. INTERVENÇÃO NA EMPRESA

1. Balançou as estruturas dos sócios Hermes Freitas Magnus e Maria Teodora Silva o fato de o Sr. José Janene dizer que os softwares desenvolvidos por fornecedores tradicionais deveriam ser copiados e esses fornecedores descartados. Chegou a querer nos forçar, aos gritos, que assinássemos uma procuração para proces-

sar um dos fornecedores que se recusaram a entregar a senha criptografada de um software. Instigado por seu pessoal de confiança na fábrica, o Sr. José Janene ligou para esse fornecedor proferindo ofensas, as quais ele nos reportou informando que colocou o telefone no viva voz no seu escritório, quando todos ficaram horrorizados e decidiram nunca mais fornecer à Dunel. Importante salientar que essa é uma empresa cuja parceria mantemos há mais de seis anos, participando desde o início da fase de terceirização da nossa empresa, inclusive tendo, em épocas difíceis, nos fornecido hardwares e softwares sem custos, iniciativa mediada junto à Siemens.

2. Bloqueio de acesso aos documentos fiscais da empresa à sócia e representante legal da Dunel Indústria e Comércio, Maria Teodora Silva. A sócia, depois de ter ido até a Contabilidade responsável pela filial, foi chamada para uma reunião em que o Sr. José Janene proferiu aos gritos graves insultos, dizendo que ela não deveria se meter nesses assuntos e que era uma pessoa desonesta.

Até hoje nunca foi apresentado a ela relatório mensal das despesas da sua empresa.

3. Contratação de pessoal sem a aprovação dos sócios Maria Teodora Silva e Hermes Freitas Magnus. A contratação de pessoal só foi assinada pela sócia

Maria Teodora (única responsável legal pela Dunel Indústria e Comércio) quando o gerente financeiro era o Sr. Rogério. Após a saída dele, sem ela ter fornecido qualquer procuração, foram realizadas contratações arbitrariamente.

4. Tratamento desrespeitoso do Sr. Meheidin Hussein Jenani para com o sócio Hermes Magnus na frente de subalternos a ponto de alguns deles comentarem que o Magnus é quem parece o empregado. Esse fato pode ser confirmado por meio de um técnico da Ferramentas Gerais, que, em seu relatório de manutenção, escreveu que o serviço fora acompanhado pelo funcionário Hermes Magnus e pelo proprietário Sr. Meheidin.

5. Os sócios Hermes Magnus Freitas e Maria Teodora Silva muitas vezes tinham seus votos 100% vencidos em decisões de investimento, e especificamente o Diretor Técnico Hermes Magnus, a partir da entrada do Sr. Meheidin Hussein Jenani, já não conseguia mandar nem nos seus próprios projetos.

6. Retirada no último dia 10 de dezembro, por funcionário particular do Sr. Janene, Sr. Salgado, do Furgão da Dunel Indústria e Comércio, mesmo tendo sido avisado que o veículo se encontra com impostos atrasados, sem seguro e com problemas mecânicos. E

do qual somos fiel depositários. Até o último dia 16 de dezembro o veículo não havia retornado à empresa.

6. Adiamento desde o início das atividades da elaboração do Contrato de Mútuos para justificar os investimentos e a não aceitação do acompanhamento de advogado em defesa dos interesses de Hermes Freitas Magnus e Maria Teodora Silva, durante o período de vigência do Memorando de Entendimentos (cerceamento de direito).

7. Outras irregularidades: mesmo com a ordem de que toda compra de equipamentos deveria ser feita com a aprovação do Diretor Técnico Hermes Magnus, foram comprados equipamentos e componentes usados, de baixa qualidade e sem notas fiscais.

PROVIDÊNCIAS

Por todos os motivos descritos, solicitamos a imediata paralisação da empresa, demissão e rescisão dos funcionários e pagamento dos encargos. Bem como a imediata regularização contábil das empresas Dunel Indústria e Comércio e Hermes Freitas Magnus ME até o encerramento do ano fiscal.

Assim que toda a situação fiscal das empresas Dunel Indústria e Comércio e Hermes Freitas Magnus ME estiverem completamente saneadas será feita a imediata devolução do patrimônio adquirido pela CSA Project Finance e que está em nome de Dunel Indústria e Comércio.

Todos os equipamentos e materiais contidos no galpão da empresa devem ser preservados até o fim da regularização das duas empresas e esta, situada à rua Don Fernando, 220, Bairro Aeroporto, Londrina, Paraná, deve ser mantida em completa segurança. A CSA Project Finance fica responsável pelo patrimônio e pela imagem da empresa até o fim das rescisões e regularizações.

A produção prejudicada pelo não cumprimento da cláusula sobre contratação de gerente de produção nos gerou grande prejuízo. Também os compromissos assumidos e não honrados pela CSA, tais como pró-labores e impostos, causaram à pessoa física dos sócios um prejuízo de R$ 200.000,00, que deverão ser ressarcidos (livres de ônus fiscais).

No dia 18 de dezembro, recebemos e-mail dos funcionários da Dunel, enviado da caixa de e-mail da secretária Sra. Aline Fonseca, ameaçando entrar com ação na Justiça contra Hermes Freitas Magnus e Maria Teodora Silva, sob acusação leviana de terem tentado efetuar saques da empresa. Consultados por telefone, alguns funcionários informaram que nem tinham tomado conhecimento desse assunto.

O presente documento está com cópia oculta para pessoas da confiança do Sr. Hermes Magnus e da Sra.

Maria Teodora Silva, pois eles (copiados) não hesitarão em tomar as devidas providências em caso da concretização de ameaças proferidas por telefone e pessoalmente.

Para evitar bate-bocas, desgastes, que podem precipitar para outro caminho, gostaríamos que o encerramento das atividades fosse feito exclusivamente por meio da CSA Project Finance, sem a presença dos Srs. José Janene, Meheidin Hussein Jenani e Danielle Janene.

Todos os funcionários, sócios e/ou parceiros da CSA Project Finance estão proibidos de usar os ativos da Dunel Indústria e Comércio, bem como nome e tecnologias. O mesmo se aplica a qualquer forma de denegrir a imagem dos sócios e/ou das empresas envolvidas.

Nos próximos dias indicaremos a equipe de advogados que cuidará deste destrato até a instância judicial, se necessário for.

Nota: Os autores deste documento, bem como as pessoas de sua confiança, descritos anteriormente, e seus procuradores, assumem neste momento o compromisso de sigilo do conteúdo deste Dossiê. Salvo do não cumprimento das solicitações a CSA e seus parceiros.

No aguardo das nossas solicitações,

Subscrevemos,

Hermes Freitas Magnus

Hermes Feitas Magnus ME.

Maria Teodora Silva

Dunel Indústria e Comércio Ltda.

– Documento de serviços terceirizados da Dunel, empresa do denunciante Hermes Magnus, com o Posto da Torre, que originou a Operação Lava Jato. De 28 de setembro de 2008, cedido com EXCLUSIVIDADE ao livro *Delatores*.

DECLARAÇÃO

À

FERRAMENTAS GERAIS COM. E IMP. S/A.
CNPJ/MF n.º ▇▇▇▇▇▇▇

TORRE COMERCIO DE ALIMENTOS LTDA., inscrita no CNPJ/MF sob o n.º ▇▇▇▇▇▇▇, representada nos termos de seu contrato social, conforme cópia anexa, informamos a V. Sas. que efetuamos o depósito na conta corrente de sua titularidade, banco 001, agência 3168, conta 51.441-1 em sua conta no dia 08.07.08 no valor de R$ 145.013,50 (cento e quarenta e cinco mil, treze reais e cinqüenta centavos) para pagamento dos pedidos n° 2946565/ 731203/ 731081/ 781051 e 788040 em nome DUNEL TESTING LTDA. inscrita no CNPJ/MF sob o n.º ▇▇▇▇▇▇▇ e autorizamos a emissão da Nota fiscal e retirada da mercadoria em favor da empresa DUNEL.

28/07/08

[assinatura]
TORRE COMERCIO DE ALIMENTOS LTDA

ANEXOS

CLÁUSULA SÉTIMA – DA RESPONSABILIDADE

A responsabilidade de cada sócio é restrita ao valor de suas quotas, mas todos respondem solidariamente pela integralização do capital social.

CLÁUSULA OITAVA – DA RESPONSABILIDADE DO ADMINISTRADOR

A administração da sociedade cabe:

ALTERAÇÃO E CONSOLIDAÇÃO CONTRATUAL Nº 01

JC DF **TORRE COMÉRCIO DE ALIMENTOS LTDA EPP**

CARLOS HABIB CHATER, brasileiro, casado, sob o regime de comunhão parcial de bens, comerciante, natural de Brasília/DF, nascido em 29.08.1969, portador da CI nº ████ SSP/DF expedida em 11.02.2004 SSP/DF e CPF nº ████, residente e domiciliado na MLIN TRECHO 10 CONJUNTO 01 LOTE 02 CASA 01 – LAGO NORTE – BRASÍLIA/DF – CEP 71.540-100 e;

DINORAH ABRAO, brasileira, casada, sob o regime de comunhão parcial de bens, advogada, natural de Goânia/GO, nascida em 18.05.1972, portadora da CI nº ████ OAB/GO expedida em 11.11.97 e do CPF nº ████ residente e domiciliado na MLIN TRECHO 10 CONJUNTO 01 LOTE 02 LTDA EPP", estabelecida na SETOR HOTELEIRO SUL QUADRA 05 BLOCO F LOJA DE CONVENIENCIA Nº 52 E PLL PARTE A - ASA SUL - BRASÍLIA/DF - CEP 70.300.300, inscrita sob CNPJ nº ████, registrado na Junta Comercial do Distrito Federal sob o nº ████, aos 02.08.2005, resolvem de comum acordo e na melhor forma de direito, alterar e consolidar o seu contrato social e o fazem mediante as cláusulas e condições seguintes:

CLÁUSULA PRIMEIRA – DA ADMISSÃO DE SÓCIOS

É admitido na sociedade: **DALMO PITÃO DA SILVA**, brasileiro, solteiro, comerciante, natural de Brejolandia/BA, nascido em 22.06.1975, portador da CI nº ████ DETRAN/DF expedida em 30.07.2003 e CPF nº 869.045.155-20, residente e domiciliado na QR 619 CONJUNTO 01 LOTE 04, SAMAMBAIA, BRASÍLIA/DF, CEP: ████

CLÁUSULA SEGUNDA – DA RETIRADA DE SÓCIO E TRANSFERÊNCIA DE QUOTAS

Retira-se da sociedade: **CARLOS HABIB CHATER**, já qualificado no preâmbulo, possuidor de 19.000 (Dezenove mil) quotas no valor de R$ 19.000,00 (Dezenove mil reais) totalmente integralizados em moeda corrente do país, que cede, transfere e dá total quitação de 18.200 (Dezoito mil e duzentas) quotas no valor de R$ 18.200,00(Dezoito mil e duzentos reais) ao o sócio ora admitido, **DALMO PITÃO DA SILVA** e cede, transfere e dá total quitação de 800(oitocentas) quotas no valor de R$ 800,00 (oitocentos reais) a sócia remanescente **DINORAH ABRAO**. Em decorrência deste o capital social fica distribuído da seguinte forma:

- DINORAH ABRAO	1.800 quotas	09%	R$ 1.800,00
- DALMO PITÃO DA SILVA	18.200 quotas	91%	R$ 18.200,00
-TOTAL	20.000 quotas	100%	R$ 20.000,00

Parágrafo primeiro – O exercício social bem como o exercício financeiro coincide com o exercício fiscal, devendo assim o balanço geral da sociedade ser levantado em 31 de Dezembro de cada ano.

CLÁUSULA TERCEIRA – DA ALTERAÇÃO DA RESPONSABILIDADE DO ADMINISTRADOR

A administração da sociedade caberá:

DECLARAÇÃO

À

FERRAMENTAS GERAIS COM. E IMP. S/A.
CNPJ/MF n.° 92.664.028/0001-41

TORRE COMERCIO DE ALIMENTOS LTDA., inscrita no CNPJ/MF sob o n.° ▮▮▮▮▮▮, representada nos termos de seu contrato social, conforme cópia anexa, informamos a V. Sas. que efetuamos o depósito na conta corrente de sua titularidade, banco ▮▮, agência ▮▮, conta ▮▮▮ em sua conta no dia 08.07.08 no valor de R$ 145.013,50 (cento e quarenta e cinco mil, treze reais e cinquenta centavos) para pagamento dos pedidos n° 2946565/ 731203/ 731081/ 781051 e 788040 em nome DUNEL TESTING LTDA. inscrita no CNPJ/MF sob o n.° ▮▮▮▮▮▮, e autorizamos a emissão da Nota fiscal e retirada da mercadoria em favor da empresa DUNEL.

28/07/08

TORRE COMERCIO DE ALIMENTOS LTDA

ANEXOS

– Delação do doleiro Alberto Youssef, de outubro de 2014, em Curitiba.

[...] A fim de esclarecer os fatos declara que no ano de 1997 conheceu a pessoa do Deputado JOSÉ JANENE, *com quem desenvolveu um vínculo de amizade;* QUE *no ano de 2001 o mesmo apresentou dificuldades financeiras e solicitou auxilio financeiro para uma campanha, tendo o declarante repassado ao mesmo cerca de US$ 12 milhões oriundos da atividade de câmbio do declarante, tanto no Brasil (Londrina e São Paulo) como no Paraguai;* QUE, *seguiu fazendo algumas operações financeiras para o mesmo até ser preso no ano de 2003 na Operação* BANESTADO; QUE, *antes de ser preso, apresentou a* JOSÉ JANENE *os dirigentes da empresa* BONUS BANVAL, *com a qual ele passou a operar;* QUE, *ao sair da prisão o "Mensalão" já havia eclodido e* JOSÉ JANENE *já mantinha contato com a pessoa de* PAULO ROBERTO COSTA, *o qual teria sido empossado como dirigente da empresa* TBG *(gasoduto);* QUE *se recorda de ter feito no ano de 2003 um pagamento a* PAULO ROBERTO COSTA *em um shopping no valor aproximado de trezentos mil dólares por conta de um contrato entre a* TBG *e a* MITSUI/CAMARGO CORRÊA, *a mando de* JOSÉ JANENE; QUE *entre 2003 e 2005 ficou afastado dos negócios por conta da sua prisão;* QUE, *ao sair,* JOSÉ JANENE *estava atuando junto à empresa* CSA *de* CLÁUDIO MENTE *e* RUBENS ANDRADE, *a qual de fato possuía ativi-*

dade operacional e atuava no ramo de projetos e prospecção de negócios, sendo feitas todavia algumas emissões de notas a mando de JOSÉ JANENE; QUE, no ano de 2005, PAULO ROBERTO já atuava junto à Diretoria da PETROBRAS, cabendo ao declarante realizar coleta de valores e pagamentos a mando de JANENE em troca de comissões, inclusive a fim de reaver os recursos que havia emprestado a JANENE; QUE, PAULO ROBERTO foi nomeado como diretor no ano de 2004, acreditando o declarante que no período em que esteve preso algum outro operador financeiro realizou o trabalho que posteriormente foi atribuído ao declarante; QUE esses valores com os quais o declarante lidava se tratavam de pagamentos feitos por empreiteiras contratadas pela PETROBRAS; QUE, questionado como se deu o ingresso de PAULO ROBERTO COSTA na Diretoria de Abastecimento da PETROBRAS, afirma que soube por JANENE que esta seria uma manobra política engendrada por JOSÉ JANENE em parceria com os deputados PEDRO CORREA e PEDRO HENRY do PP, sendo que, a fim de pressionar o governo, o PP inclusive promoveu o trancamento da pauta juntamente com outros partidos aliados; QUE, pelo que sabe, a nomeação de PAULO ROBERTO COSTA teve ligação com a competência técnica do mesmo, juntamente com a disposição deste em promover o esquema de contratação de empreiteiras dispostas a contribuir para o partido; QUE, em por volta de 2007, JOSÉ JANENE começou a ficar doente e o declarante passou a ter uma participação mais ativa no esquema financeiro, inclusive tomando algumas decisões quanto a pagamentos e transferência de valores, passando a lidar diretamente com algumas empreiteiras, mormente por conta do temperamento difícil de JOSÉ JANENE; QUE diz terem se reunido por diversas vezes com empreiteiras PAULO ROBERTO e JANENE em hotéis no Rio de Janeiro e São Paulo.

– Delação de Nestor Cerveró que envolve o ex-senador Delcídio do Amaral, de 26 de janeiro de 2016, cujo relator é o falecido ex-ministro Teori Zavascki.

Na crise de energia do final do governo FHC a Petrobras vinha já desenvolvendo o seu programa de geração termoelétrica junto às refinarias, aproveitando a maior eficiência decorrente da cogeração desde 1995. Ou seja, produzindo energia elétrica, para uso próprio e excedente para consumo externo e gerando vapor para uso nas refinarias.

Desta forma foram construídas as usinas junto a REFAP (Canoas), REGAP (Betim), REDUC (Rio de Janeiro – maior usina do Brasil, com 1.000 MW), RLAM (Bahia), RPBC (Cubatão), FAFEN (Bahia) e TERMO-AÇU (Rio Grande do Norte).

Além dessas foram construídas as térmicas de Três Lagoas, Campo Grande, Piratininga, norte fluminense e as "Merchants" de Seropédica com a ENRON e norte fluminense com a El Paso.

As principais fornecedoras de turbinas de gás eram a ALS-TOM *(Francesa) e a* GE *Americana. Com a* ALSTOM *recebi a propina de 700 mil dólares. Com a* GE *a contratação foi conduzida diretamente por Delcídio do Amaral com Jack Welsh, já que na época havia uma dificuldade muito grande de conseguir turbinas a gás de grande porte devido ao superaquecimento do mercado de energia nos* EUA *(Turbinas de 100 a 150* MW*).*

O contrato com a GE *foi de 500 milhões de dólares, sendo que Nestor não recebeu nenhuma propina. Foram compradas 10 turbinas de 150* MW *de capacidade cada uma. O pai de Delcídio do Amaral já havia trabalhado há muitos anos na* GE *e Delcídio era amigo de Cláudio Gonçalves, diretor da* GE *no Brasil, na época, razão pela qual estima que Delcídio tenha recebido propina no valor de 10 milhões de dólares.*

Na ALSTOM *foram compradas 4 turbinas para a* REDUC, *2 para a* RLAM *e 2 para Piratininga (térmica construída em associação com o governo de São Paulo).*

Delcídio do Amaral também recebeu propina da ALSTOM, *a qual Nestor Cerveró quantifica em 10 milhões de dólares (segundo lhe foi informado por Afonso Pinto Guimarães).*

Delcídio era muito amigo de José Reis, português, presidente da ALSTOM *no Brasil, com quem negociava diretamente. Afonso Pinto Guimarães se encarregou da transferência da propina para Nestor Cerveró e para os gerentes envolvidos: Moreira, Comino e Cezar Tavares. O pagamento de Nestor*

Cerveró foi feito na Suíça. Destaca-se que na época Nestor Cerveró era gerente executivo, e os demais gerentes eram "gerentes de 2ª linha", por essa razão Nestor Cerveró estima que eles receberam em torno de 500 mil dólares.

Todas essas usinas foram incluídas no PPT (Programa Prioritário de Termoelétricas), lançado em fevereiro de 2000 por FHC em cerimônia solene no Palácio do Planalto. As térmicas incluídas no PPT faziam jus à garantia do gás e de recebê-lo a US$ 2,20. Foi também uma forma de redigir o "mico" do gás da Bolívia, já que a Petrobras pagava por 24 milhões em média e só utilizava 10 milhões.

– Delação de Nestor Cerveró detalhando propinas em negócios com empresa de energia da Argentina, entre os governos Lula e FHC. Também de janeiro de 2016.

Ao final do governo FHC, em 2002, já com LULA eleito foi avaliada e comprada a Perez Companc, 2ª maior companhia de energia da Argentina, em verdadeiro "toque de caixa". Na época do falecido presidente da Petrobras, Francisco Gros, determinou-se que se fizesse uma rápida avaliação e foi aprovada pelo Conselho de Administração da Petrobras a compra de 67% do capital da Perez Companc pelo valor de 1 bilhão de dólares "cash" e também foi assumida a dívida da empresa de mais de 1 bilhão de dólares, em condições pouco favoráveis.

Assim a Diretoria Internacional assumiu já em janeiro de 2003 e Nestor Cerveró se tornou vice-presidente do Conselho, o que implicava viajar no mínimo uma vez por mês à Argentina para participar da reunião do conselho.

Dada a fluência no idioma espanhol de Nestor Cerveró, muito apreciada pelos argentinos, Nestor pôde se informar dos detalhes das propinas pagas, especialmente pelas informações que recebeu de Oscar Vicente, principal elo entre Gregorio Pérez Companc e Carlos Menem.

Havia uma resistência grande por parte dos antigos diretores da Pérez Companc em relação aos novos diretores enviados pela Petrobras e a Alberto Guimarães, que foi enviado como presidente e simplesmente não conseguia falar em espanhol, além de falar mal do governo argentino.

Sabe que cada Diretor da Pérez Companc recebeu 1 milhão de dólares a título de comissão pela venda, sendo que Oscar Vicente recebeu 6 milhões de Gregorio Pérez Companc.

A propina paga a Gros foi de grande monta (100 milhões de dólares), razão pela qual certamente foi repassada para o ex-presidente Fernando Henrique Cardoso e ao PSDB, conforme dito para Nestor Cerveró pelos Diretores da Pérez Companc e Oscar Vicente.

Oscar ainda permaneceu como nosso diretor na Pérez Companc, mas acabou sendo afastado por demanda de Nestor Kirchner, seu desafeto. O conhecimento de Gros e do Dr.

Gregorio vem do tempo em que Gros foi diretor da JP *Morgan e Dr. Gregorio seu cliente.*

– Delação do ex-senador Delcídio do Amaral, protocolada no dia 18 de fevereiro de 2016. Nela, ele busca acertar o núcleo duro do P.T.

NESTOR CERVERÓ *sempre manteve um bom relacionamento com* DELCÍDIO DO AMARAL, *valendo-se da ajuda deste em momentos críticos, o que ocorreu em inúmeras situações pretéritas. Para contextualizar os fatos, deve-se ter em mente todo um histórico de acompanhamento do atendimento a* NESTOR CERVERÓ, *desde as primeiras denúncias envolvendo a compra da Refinaria de Pasadena. Como um primeiro ponto, pode-se mencionar que o assessor* DIOGO *acompanhou* NESTOR CERVERÓ *no depoimento prestado perante o Senado, na primeira* CPI *da Petrobras e na Comissão de Fiscalização e Controle. O próprio* DELCÍDIO DO AMARAL *alertou* CERVERÓ *sobre a gravidade do problema no dia em que o Jornal Estadão publicou uma matéria bastante dura em relação a* NESTOR CERVERÓ. *Mas* CERVERÓ, *indiferente, preferiu sair de férias para a Alemanha. Quando o cenário se complicou e* NESTOR CERVERÓ *foi demitido da* BR DISTRIBUIDORA, DELCÍDIO DO AMARAL *foi procurado nos escritórios da* FSB *no Leblon, no Rio, no dia 07/07/2014. Nesse dia, às 16hrs,* DELCÍDIO DO AMARAL *foi visitar* FRANCISCO BRANDÃO, *o*

"Chiquinho", dono da FSB, *na casa dele (em anexo existe base documental disso). O escritório é bem perto. A própria* PATRÍCIA *(esposa de* NESTOR*) ligou para a* MAIKA *(esposa de* DELCÍDIO*), no auge da crise de Pasadena, pedindo "apoio". Uma simples quebra de sigilo telemático e telefônico bastaria para provar esse histórico que demonstra que a iniciativa de procura partiu da família* CERVERÓ. *Tudo isso demonstra que* DELCÍDIO DO AMARAL *sempre teve uma relação de bastante proximidade com a família e sempre estendeu a mão para a família. Muito antes da Lava Jato.*

LULA *pediu expressamente a* DELCÍDIO DO AMARAL *para "ajudar" o* BUMLAI *porque, supostamente, ele estaria implicado nas delações de* FERNANDO SOARES *e* NESTOR CERVERÓ. *No caso,* DELCÍDIO *intermediaria o pagamento de valores da família de* CERVERÓ *com recursos fornecidos por* BUMLAI. DELCÍDIO *explicou a* LULA *que com o* JOSÉ CARLOS BUMLAI *seria difícil falar, mas que conversaria com o filho,* MAURÍCIO BUMLAI, *com quem mantinha uma boa relação.* DELCÍDIO, *vendo a oportunidade de ajudar a família de* NESTOR, *aceitou intermediar a operação. A primeira remessa de R$ 50.000,00 foi entregue pelo próprio* DELCÍDIO DO AMARAL, *em mãos do advogado* EDSON RIBEIRO, *após receber a quantia de* MAURÍCIO BUMLAI, *em um almoço na churrascaria Rodeio do Iguatemi em 22/05/2015 (em anexo existe base documental disso). As entregas de valores à família de* NESTOR CERVERÓ *se repetiram em outras oportunidades.*

Nessas outras oportunidades, quem fez a entrega foi o assessor DIOGO FERREIRA *(em anexo existe base documental disso). O total recebido pela família de* NESTOR *foi de R$ 250.000,00. O próprio* BERNARDO *recebeu em "espécie" do* DIOGO. ANDRÉ ESTEVES, *preocupado com a eventual implicação de seu nome e as consequências para o Banco* BTG, *inicialmente consentiu em colaborar, desistindo depois porque já dispunha de todas as informações a respeito das delações que, seguidamente, o próprio* NESTOR *vinha fazendo.* ANDRÉ ESTEVES *em várias situações manifestou grandes preocupações com o* BTG, *especialmente no que se refere à operação de embandeiramento de postos da rede* ASTER, *de propriedade do empresário Carlos Santiago, além da aquisição de 50% da PetroAfrica junto da Petrobras.*

Diferentemente do que afirmou DILMA ROUSSEFF *em outras oportunidades, a indicação de* NESTOR CERVERÓ *para a Diretoria Financeira da* BR DISTRIBUIDORA, *contou efetivamente com a sua participação.* DELCÍDIO DO AMARAL *tem conhecimento dessa ingerência, tendo em vista que, no dia da aprovação pelo Conselho, estava na Bahia e recebeu ligações de* DILMA. DELCÍDIO *estava na Bahia para participar de um casamento em Salvador. Por tal razão, não é correta a afirmação de que a Diretoria Financeira da* BR DISTRIBUIDORA *tenha sido produto de entendimento exclusivo entre* LULA *e* DUTRA. DILMA ROUSSEFF *teve atuação decisiva, comprovada através das ligações mencionadas, quando da sua chegada ao Rio de*

Janeiro para a reunião do Conselho de Administração da Petrobras. DILMA ROUSSEFF *ligou para* DELCÍDIO *perguntando se o* NESTOR *já havia sido convidado para ocupar a Diretoria Financeira da* BR *Distribuidora. Depois, ligou novamente, confirmando a nomeação de* NESTOR *para o referido cargo, o que restou concretizado na segunda-feira, 03/03/2008, quando da posse do* NESTOR *na* BR DISTRIBUIDORA *e de* JORGE ZELADA *na área Internacional da Petrobras.*

– Grampo do ex-presidente da Transpetro, o tucano Sérgio Machado, em diálogo com Romero Jucá. Informação divulgada no dia 23 de maio de 2016.[95]

Sérgio Machado: Mas viu, Romero, então eu acho a situação gravíssima.

Romero Jucá: Eu ontem fui muito claro. [...] Eu só acho o seguinte: com Dilma não dá, com a situação que está. Não adianta esse projeto de mandar o Lula para cá ser ministro, para tocar um gabinete, isso termina por jogar no chão a expectativa da economia. Porque, se o Lula entrar, ele vai falar para a CUT, para o MST, é só quem ouve ele mais, quem dá algum crédito, o resto ninguém dá mais credito a ele para porra ne-

---

95 Do jornalista Rubens Valente, da *Folha de S.Paulo*. Disponível em: <http://www1.folha.uol.com.br/poder/2016/05/1774018-em-dialogos-gravados-juca-fala-em-pacto-para-deter-avanco-da-lava-jato.shtml>. Acesso em: 13 set. 2017.

nhuma. Concorda comigo? O Lula vai reunir ali com os setores empresariais?

Machado: Agora, ele acordou a militância do PT.

Jucá: Sim.

Machado: Aquele pessoal que resistiu acordou e vai dar merda.

Jucá: Eu acho que...

Machado: Tem que ter um impeachment.

Jucá: Tem que ter impeachment. Não tem saída.

Machado: E quem segurar, segura.

Jucá: Foi boa a conversa, mas vamos ter outras pela frente.

Machado: Acontece o seguinte, objetivamente falando, com o negócio que o Supremo fez [autorizou prisões logo após decisões de segunda instância], vai todo mundo delatar.

Jucá: Exatamente, e vai sobrar muito. O Marcelo e a Odebrecht vão fazer.

Machado: Odebrecht vai fazer.

Jucá: Seletiva, mas vai fazer.

Machado: Queiroz [Galvão] não sei se vai fazer ou não. A Camargo [Corrêa] vai fazer ou não. Eu estou muito preocupado porque eu acho que... O Janot [procurador-geral da República] está a fim de pegar vocês. E acha que eu sou o caminho.

[...]

Jucá: Você tem que ver com seu advogado como é que a gente pode ajudar. [...] Tem que ser política, advogado não encontra [inaudível]. Se é político, como é a política? Tem que resolver essa porra... Tem que mudar o governo pra poder estancar essa sangria.

[...]

Machado: Rapaz, a solução mais fácil era botar o Michel [Temer].

Jucá: Só o Renan [Calheiros] que está contra essa porra. "Porque não gosta do Michel, porque o Michel é Eduardo Cunha." Gente, esquece o Eduardo Cunha, o Eduardo Cunha está morto, porra.

Machado: É um acordo, botar o Michel, num grande acordo nacional.

Jucá: Com o Supremo, com tudo.

Machado: Com tudo, aí parava tudo.

Jucá: É. Delimitava onde está, pronto.

[...]

Machado: O Renan [Calheiros] é totalmente "voador". Ele ainda não compreendeu que a saída dele é o Michel e o Eduardo. Na hora que cassar o Eduardo, que ele tem ódio, o próximo alvo, principal, é ele. Então quanto mais vida, sobrevida, tiver o Eduardo, melhor pra ele. Ele não compreendeu isso não.

Jucá: Tem que ser um boi de piranha, pegar um cara, e a gente passar e resolver, chegar do outro lado da margem.

[...]

Machado: A situação é grave. Porque, Romero, eles querem pegar todos os políticos. É que aquele documento que foi dado...

Jucá: Acabar com a classe política para ressurgir, construir uma nova casta, pura, que não tem a ver com...

Machado: Isso, e pegar todo mundo. E o PSDB, não sei se caiu a ficha já.

Jucá: Caiu. Todos eles. Aloysio [Nunes, ministro], [o senador José] Serra, Aécio [Neves, senador].

Machado: Caiu a ficha. Tasso [Jereissati] também caiu?

Jucá: Também. Todo mundo na bandeja para ser comido.

[...]

Machado: O primeiro a ser comido vai ser o Aécio.

Jucá: Todos, porra. E vão pegando e vão...

Machado: [Sussurrando] O que que a gente fez junto, Romero, naquela eleição, para eleger os deputados, para ele ser presidente da Câmara? [Mudando de assunto] Amigo, eu preciso da sua inteligência.

Jucá: Não, veja, eu estou à disposição, você sabe disso. Veja a hora que você quer falar.

Machado: Porque, se a gente não tiver saída... Porque não tem muito tempo.

Jucá: Não, o tempo é emergencial.

Machado: É emergencial, então preciso ter uma conversa emergencial com vocês.

Jucá: Vá atrás. Eu acho que a gente não pode juntar todo mundo para conversar, viu? [...] Eu acho que você deve procurar o [ex-senador do PMDB José] Sarney, deve falar com o Renan, depois que você falar com os dois, colhe as coisas todas, e aí vamos falar nós dois do que você achou e o que eles ponderaram pra gente conversar.

Machado: Acha que não pode ter reunião a três?

Jucá: Não pode. Isso de ficar juntando para combinar coisa que não tem nada a ver. Os caras já enxergam outra coisa que não é... Depois a gente conversa os três sem você.

Machado: Eu acho o seguinte: se não houver uma solução a curto prazo, o nosso risco é grande.

[...]

Machado: É aquilo que você diz, o Aécio não ganha porra nenhuma...

Jucá: Não, esquece. Nenhum político desse tradicional ganha eleição, não.

Machado: O Aécio, rapaz... O Aécio não tem condição, a gente sabe disso. Quem que não sabe? Quem não conhece o esquema do Aécio? Eu, que participei de campanha do PSDB...

Jucá: É, a gente viveu tudo.

[...]

Jucá: [Em voz baixa] Conversei ontem com alguns ministros do Supremo. Os caras dizem "ó, só tem condições de [inaudível] sem ela [Dilma]. Enquanto ela estiver ali, a imprensa, os caras querem tirar ela, essa porra não vai parar nunca". Entendeu? Então... Estou conversando com os generais, comandantes militares. Está tudo tranquilo, os caras dizem que vão garantir. Estão monitorando o MST, não sei o quê, para não perturbar.

Machado: Eu acho o seguinte, a saída [para Dilma] é ou licença ou renúncia. A licença é mais suave. O Michel forma um governo de união nacional, faz um grande acordo, protege o Lula, protege todo mundo. Esse país volta à calma, ninguém aguenta mais. Essa cagada desses procuradores de São Paulo ajudou muito [referência possível ao pedido de prisão de Lula pelo Ministério Público de SP e à condução coercitiva dele para depor no caso da Lava jato].

Jucá: Os caras fizeram para poder inviabilizar ele de ir para um ministério. Agora vira obstrução da Justiça, não está deixando o cara, entendeu? Foi um ato violento...

Machado: ... E burro [...] Tem que ter uma paz, um...

Jucá: Eu acho que tem que ter um pacto.

[...]

Machado: Um caminho é buscar alguém que tem ligação com o Teori [Zavascki, ex-relator da Lava Jato], mas parece que não tem ninguém.

Jucá: Não tem. É um cara fechado, foi ela [Dilma] que botou, um cara... Burocrata da... Ex-ministro do STJ [Superior Tribunal de Justiça].

– Delação de João Santana e Mônica Moura, que citam a ex-presidente Dilma Rousseff. De março de 2017.

No final de novembro de 2014, MÔNICA MOURA *estava de férias em* NY *com* JOÃO SANTANA *e recebeu um chamado urgente para ir a Brasília.* JOÃO SANTANA *permaneceu em* NY *e* MÔNICA MOURA *foi num voo de "bate e volta" a Brasília, quando foi informada de que os boatos haviam se intensificado.*

Na oportunidade, a Presidente DILMA ROUSSEFF *reforçou a sugestão de que* JOÃO SANTANA *e* MÔNICA MOURA *permanecessem fora do país e se comprometeu a mandar qualquer alerta por uma conta de e-mail criada com* MÔNICA MOURA *exclusivamente para esse fim.*

TROCA DE E-MAILS SECRETOS
JOÃO SANTANA teve acesso à troca de e-mails nos meses seguintes e ajudou a responder, de forma metafórica, alguns

*deles, em especial aqueles recebidos nas vésperas da decretação
da prisão dos dois publicitários.*

– Delação premiada de Marcelo Odebrecht, divulgada em 13 de abril de 2017.[96]

Eu não conheço nenhum político no Brasil que tenha conseguido fazer qualquer eleição sem caixa dois. O caixa dois era três quartos, o que eu estimo. Não existe ninguém no Brasil eleito sem caixa dois. O cara até pode dizer que não sabia, mas recebeu dinheiro do partido que era caixa dois. Não existe, não existe; era um círculo vicioso que se criou. Tanto é assim que, na hora que resolveram cancelar, o que se começou a discutir a mais, teve que aumentar o fundo partidário para início de conversa. A eleição ficou agora mais barata. Não tinha como. Não existe. O político que disser que não recebeu caixa dois está mentindo.

Essa questão de eu ser um grande doador, de eu ter esse valor, no fundo, é o quê? É também abrir portas. Apesar de não vir um pedido específico, é o que eu digo: toda relação empresarial com um político infelizmente era assim, especialmente quando se podia financiar, os empresários iam pedir. Por mais que eles pedissem pleitos legítimos, investimentos, obras, geração de empregos, no fundo, tudo que você pedia,

96 Dado consta no *Jornal Nacional*, da TV Globo. Disponível em: <http://g1.globo.com/jornal-nacional/noticia/2017/04/em-sua-delacao-marcelo-odebrecht-da-uma-aula-de-caixa-dois.html>. Acesso em 13 set. 2017.

sendo legítimo ou não, gerava uma expectativa de retorno. Então, quanto maior a agenda que eu levava, mais criava expectativa de que eu iria doar tanto.

– Delação premiada de Léo Pinheiro, da OAS, envolvendo o ex-presidente Lula, o que resultou em sua condenação em primeira instância de nove anos e seis meses nas mãos do juiz Sérgio Moro.[97] Divulgada no dia 20 de abril de 2017.

Eu tive um encontro com o presidente em junho [de 2014], bom, isso tenho anotado na minha agenda. São vários encontros onde o presidente, textualmente, me fez a seguinte pergunta. "Léo", até notei que ele tava um pouquinho irritado, "Léo, você fez algum pagamento ao João Vaccari no exterior?". Eu disse: "não presidente, eu nunca fiz pagamento dessas contas que temos com Vaccari no exterior".

Você tem algum registro de encontro de contas, de alguma coisa feita com Vaccari com você? Se tiver, destrua, disse Lula.

– Trechos da delação premiada do empresário Joesley Batista, presidente da J&F e diretor da JBS, à Controladoria-Geral da República, com grampos e dinheiro

---

97 Informação publicada no jornal *O Estado de S. Paulo*. Disponível em: <http://politica.estadao.com.br/blogs/fausto-macedo/se-tiver-destrua-leo-pinheiro-afirma-que-lula-o-orientou-a-dar-sumico-em-documentos/>. Acesso em: 13 set. 2017.

rastreado de políticos como Michel Temer, o presiden-te, Aécio Neves, Lula e Dilma. Foi divulgada pela co-luna do jornalista Lauro Jardim, no *O Globo*, em 17 de maio de 2017.

Foram R$ 500 milhões totais, sendo R$ 400 milhões via oficial e R$ 100 milhões via notas fiscais ou em dinheiro. Os R$ 400 milhões oficiais teve ato de ofício, compreende? R$ 100 milhões não teve ato de ofício. Foi doação mesmo. Isso tudo foi explicado nos anexos [da delação].

Registrei em áudio porque achei que seria importante estar registrada aquela reunião. Eu falei no telefone no sábado, dia 4 de março [de 2017]. Dia 6 eu estive no Fasano com o Rodrigo [Loures, deputado do PMDB operador do presidente]. Dia 7 no Palácio do Jaburu com o presidente Michel. De-pois de o presidente Michel me autorizar que a pessoa seria o Rodrigo, eu tive mais dois encontros com o Rodrigo na semana seguinte. No dia 13 e no dia 16 [...]. Voltando um pouco atrás, tem o problema do Eduardo Cunha e do Lúcio Funaro. O Lúcio Funaro é o operador financeiro do Eduar-do. Do esquema PMDB da Câmara, composto pelo presidente Michel, Eduardo e alguns outros membros. Eu fui lá dizer que o Eduardo tá preso, o Lúcio tá preso e a gente paga uma mensalidade pro Lúcio até hoje [...]. Pro Lúcio é uma men-salidade. Pro Eduardo, depois que ele foi preso, pagamos R$ 5 milhões de um saldo de uma dívida que ele tinha supostos créditos por ilícitos de propina [...]. Eram R$ 20 milhões relacionados ao incentivo de desoneração fiscal do setor de frango. Na época o Eduardo Cunha tramitou essa prorrogação e pediu R$ 20 milhões para que isso acontecesse. Eu achava que eram R$ 15 milhões e ele disse que eram R$ 20 mi. Por isso ficou esse saldo de mais cinco [milhões]. Eu fui falar com o presidente exatamente isso. Tinha acabado o saldo do Eduardo, que eu tinha pago tudo, tudo estava em dia, mas tinha acabado. Por outro lado, eu seguia pagando o Lúcio. R$ 400 mil por mês. Queria informar isso pra ele e saber a opinião dele. Foi no momento que, de pronto, ele [Michel Temer] me disse que era importante continuar isso e, enfim.

Esse que tava sendo o problema [pagar o Michel Temer, ele diz sem mencionar]. Era pagar para mantê-los calmos, em silêncio. Era pra pagar o Lúcio Funaro e o Eduardo Cunha na penitenciária para mantê-los calmos [...]. Eu não sei como ficar calmo na cadeia, mas é pra ficar em silêncio e não se revelarem.

Quando ele [Cunha] foi preso, o presidente Michel já estava no poder e inicialmente acertamos com o Geddel [Vieira Lima, ex-ministro de Temer]. Eu não podia mais falar com o investigado e então fui falar com o presidente [...]. Eu ouvi claramente do presidente que era "importante manter isso". Primeira missão minha [no Jaburu] era essa: saber se o compromisso ainda era necessário.

Eu perguntei a ele sobre Receita Federal, eu perguntei sobre o ministro da Fazenda Henrique Meirelles, que trabalhou conosco [na JBS] por quatro anos. E o Henrique eu já tive oportunidade de fazer algumas reivindicações. Só que, na verdade, o Henrique não me atendeu em nenhuma reivindicação. Eu fui avisar ele que o Henrique não me atendia em nada. Eu fui perguntar a ele [Michel Temer] como poderia ser eu fazer o Henrique [Meirelles] saber que isso era de interesse dele [o presidente] [...]. Eu disse: "Olha, senhor presidente, nós precisamos combinar algum jeito porque eu peço as coisas pro Henrique e, de alguma forma, o senhor fique sabendo e mande ele fazer".

Fui me relacionando com o ex-ministro Guido [Mantega]. Logo quando pude, chamei ele para ver como funcionaria o negócio do dinheiro. Ele me falou algumas coisas [...]. "Olha, fica com você, como um crédito [a conta no exterior para o PT]. Você não precisa mandar para ninguém. O dia que eu precisar, eu te falo." Respondi então tá bom [...]. Não falei que eram os 4% acertados anteriormente, porque quando você tem que lidar com intermediário, você nunca sabe se o intermediário contava pra ele o que sabia [...]. Ele respondeu que veria no caso a caso [...]. Na realidade eu nunca soube se o dinheiro seria dele pessoa física [o ex-ministro Guido Mantega] ou de outras pessoas. Acabou que em 2014 o dinheiro todo foi usado na campanha eleitoral. Da Dilma.

Teve duas fases [o acúmulo de dinheiro para petistas]. Teve a fase do presidente Lula e teve a fase da presidente Dilma. Na fase do presidente Lula chegou a US$ 80 milhões. Depois na

Dilma chegou nuns US$ 70 milhões. Ou o contrário: 70 na do Lula e 80 na Dilma. Eu abri duas contas. Todas são contas minhas. Eram umas continhas que não tinha pra gente nada ali. Eu é que controlava. Uma eu já usava e depois eu abri outra, quando a presidente Dilma ganhou.

BIBLIOGRAFIA

ABDOUNI , A. *Operação Lava Lula*. São Paulo: Aaa Editora, 2016.

BICUDO, H. P. *Segurança nacional ou submissão*. Rio de Janeiro: Paz e Terra, 1984.

CHEMIM, R. *Mãos Limpas e Lava Jato – A corrupção se olha no espelho*. Porto Alegre: Citadel, 2017.

DALLAGNOL, D. *A luta contra a corrupção – A Lava Jato e o futuro de um país marcado pela impunidade*. Sextante/Gmt, 2017.

DORIA, P. *Tenentes – A guerra civil brasileira*. Rio de Janeiro: Record, 2016.

FONSECA, C. B. G. da. *Colaboração premiada*. Belo Horizonte: Del Rei Editora, 2017.

GIANOTTI, J. A. *Certa herança marxista*. São Paulo: Companhia das Letras, 2000.

GOMEZ, P.; TRAVAGLIO, M. *Operação Mãos Limpas – A verdade sobre a operação italiana que inspirou a Lava Jato*. Porto Alegre: Citadel, 2016.

HASSELMANN, J. *Sérgio Moro – A história do homem por trás da operação que mudou o Brasil*. São Paulo: Universo dos Livros, 2016.

LUNA, J. P.; KALTWASSER, C. R. *The Resilience of the Latin American Right*. Baltimore: Johns Hopkins University Press, 2014.

MAGNOLI, D. *O grande jogo – Política, cultura e ideias em tempo de barbárie*. São Paulo: Ediouro, 2006.

_____; BARBOSA, E. S. *O mundo em desordem – Vol. 1 – 1914-1945 – Liberdade versus igualdade*. Rio de Janeiro: Record, 2011.

MAINARDI, D. *Lula é minha anta*. Rio de Janeiro: Record, 2007.

NETTO, V. *Lava Jato – O juiz Sérgio Moro e os bastidores da operação que abalou o Brasil*. Rio de Janeiro: Sextante/Gmt, 2016.

NUNES, A. *A esperança estilhaçada. Crônica da crise que abalou o* PT *e o governo Lula*. São Paulo: Planeta, 2005.

SCARPINO JUNIOR, L. *Sérgio Moro – O homem, o juiz e o brasil*. Ribeirão Preto: Novo Conceito, 2016.

VILLA, M. A. *Collor presidente – Trinta meses de turbulências, reformas, intrigas e corrupção*. Rio de Janeiro: Record, 2016.

_____. *Década perdida – Dez anos de* PT *no poder*. Rio de Janeiro: Record, 2013.

_____. *Mensalão: O julgamento do maior caso de corrupção da história política brasileira*. São Paulo: Leya, 2012.

_____. *Um país partido – 2014: A eleição mais suja da história*. São Paulo: Leya, 2014.

RR DONNELLEY

IMPRESSÃO E ACABAMENTO
Av Tucunaré 299 - Tamboré
Cep. 06460.020 - Barueri - SP - Brasil
Tel.: (55-11) 2148 3500 (55-21) 3906 2300
Fax: (55-11) 2148 3701 (55-21) 3906 2324

IMPRESSO EM SISTEMA CTP